scripto

Eliette **Abécassis** Kebir M. **Ammi** Pierre-Marie **Beaude**
Philippe **Besson** Jean Noël **Blanc** Pierre **Brunet**
François **Cérésa** Bernard **Chambaz** Gérard **de Cortanze**
Marie **Darrieussecq** Philippe **Delerm** Jean-Paul **Delfino**
Jacqueline **Duhême** Eugène **Ébodé** Timothée **de Fombelle**
Valentine **Goby** Patrick **Goujon** Yves **Hughes**
Anouk **Journo-Durey** Christine **Lesueur** Eduardo **Manet**
Susie **Morgenstern** Jean-Paul **Nozière** Mikaël **Ollivier**
Pef Patrick **Poivre d'Avor** Patricia **Reznikov** Laurence **Tardieu**

VA Y AVOIR DU SPORT!

Gallimard

© Éditions Gallimard Jeunesse, 2006
Loi n° 49-956 du 16 juillet 1949
sur les publications destinées à la jeunesse
Maquette couverture : Anne Catherine Boudet
P.A.O : Françoise Pham
Imprimé en Italie par G. Canale & C.S.p.A.
Borgano T.se (Turin)
Dépôt légal : juin 2006
N° d'édition : 142926
ISBN 2-07-057649-3

Préface de Sport sans frontière	7
Préface de L'Écrit du Cœur	9
Le maître du kung-fu de Éliette Abécassis	13
L'imposteur de Kebir M. Ammi	17
Le toit du monde de Pierre-Marie Beaude	25
Courir de Philippe Besson	41
Le piège de Jean-Noël Blanc	45
Une médaille dans le ciel de Pierre Brunet	55
Le respect de Françoise Cérésa	65
Nono de Bernard Chambaz	71
La course de sa vie de Gérard de Cortanze	79
Interview de Richard Dacoury par Catherine Chauveau	91
Mes exploits de Marie Darieusseq	95
Ticket magique pour le Maracana de Jean-Paul Delfino	99
Coups de Zizou de Philippe Delerm	105
Interview de Stéphane Diagana par Catherine Chauveau	107

Jeunesse et Sport de 1936 à 2006...
de Jacqueline Duhême — 111

Le match retour
de Eugène Ébodé — 119

Interview de Laurence Fischer
par Catherine Chauveau — 129

La fille qui courait sur le plafond
de Timothée de Fombelle — 133

Courir par-delà les nuages
de Valentine Goby — 141

Ligne de départ
de Patrick Goujon — 147

King Joe
de Yves Hughes — 153

Outremer
de Anouk Journo-Durey — 161

Illustration
de Christine lesueur — 169

Le sport, à vie
de Eduardo Manet — 171

Just do it !
de Susie Morgenstern — 183

Baisse la tête, t'auras l'air d'un coureur
de Jean-Paul Nozière — 191

Jeu, set et match
de Mikaël Ollivier — 199

Le Mans 55
de Pef — 207

Dans les pas de saint Jacques
de Patrick Poivre d'Arvor — 217

La véritable Nage Papillon
de Patricia reznikof — 223

Au bout de la course
de Laurence Tardieu — 233

Aujourd'hui, dans de nombreuses régions du monde, des millions d'enfants et de jeunes n'ont pas la chance d'avoir accès à un système éducatif, quel qu'il soit, et sont livrés à eux-mêmes et aux difficultés de la vie, trop tôt, sans même un minimum d'outils pour appréhender le monde.

On entend souvent dire que le sport est l'école de la vie. Il est vrai que loin des rêves de médailles, de grandes compétitions internationales et de records du monde, le sport peut apporter des réponses, délivrer des messages et transmettre des règles qui aideront tous ces enfants à se construire et à s'épanouir.

SPORT SANS FRONTIÈRES en est convaincue depuis sa création et c'est pourquoi, quotidiennement, de nos quartiers de France à El Alto en Bolivie, en passant par Saint-Louis au Sénégal, l'Afghanistan, le Kosovo, l'Inde ou encore le Sri Lanka, l'ensemble des bénévoles, volontaires et permanents de l'association s'investissent au maximum et tentent, au travers d'une autre vision du sport, de redonner le sourire à des milliers d'enfants.

Nous sommes aujourd'hui très flattés et heureux que L'Écrit du Cœur, une grande maison d'édition, Gallimard Jeunesse, et de nombreux «champions» (chacun dans son domaine) aient joué le jeu avec nous.

Ensemble, nous sommes persuadés que nous pourrons permettre à toujours plus de jeunes d'accéder à nos programmes et démontrerons que le seul match important de notre vie n'est finalement pas toujours celui qu'on gagne, mais celui dont chacun ressort grandi.

Ne l'oublions pas : la solidarité, c'est avant tout un sport collectif…!

Arnaud Mourot
Fondateur de SPORT SANS FRONTIÈRES

C'est une équipe poids « plumes » et hors compétition : plus de trente joueurs hyper-enthousiastes, toutes disciplines confondues, pratiquent de concert un marathon de mots et d'images dans lequel ils se proclament tous *ex aequo*. Le seul gagnant, désigné par avance à l'unanimité, sera l'association SPORT SANS FRONTIÈRES, ses actions de solidarité en France et dans le monde, et à travers elle : le sport !

Ce recueil est une ode à l'effort musculaire, un réjouissant livre des records (la roulade la plus improbable du monde, les slogans de supporters les plus appétissants, la course la plus ratée, la ruse la plus fine…), un dictionnaire de sensations et d'émotions à faire rêver les athlètes de salon, bondir les paresseux, à survitaminer les plus mordus.

S'il fallait encore vaincre d'éventuelles réticences, avouons qu'à tout prendre, ce livre parle moins de sport que de la vie, et du travail hors du commun que les acteurs de SPORT SANS FRONTIÈRES mènent chaque jour sur le terrain, ici et ailleurs, pour rendre le goût de vivre et de se construire à des enfants et des adultes que la vie a laissés pour compte, ou qui ont délaissé la vie.

A vos livres... prêts ? Lisez ! *Va y avoir du sport !*...

Valentine Goby
Présidente de L'Écrit du Cœur

Créée en 2003, l'association L'Écrit du Cœur a pour vocation de fédérer des écrivains et responsables du monde de l'écrit autour d'actions de solidarité, en soutenant des associations reconnues pour leur compétence de terrain.

Publication de livres ou création d'événements, il s'agit d'engagements forts qui concrétisent les propos de l'écrivain Sony Labou-Tansi : « J'écris (ou je crie) pour qu'il fasse homme en moi. » L'association permet à des hommes et des femmes d'offrir ce qu'ils ont de meilleur au service de causes qui leur tiennent à cœur ; ce par quoi, dans la cacophonie du monde, ils se font le mieux entendre : l'art d'écrire.

L'Écrit du Cœur compte désormais un collectif de plus de soixante-dix illustrateurs, gens de presse, écrivains de maisons d'édition, de culture, de sensibilités littéraires différentes, qui font sa richesse. L'association s'appuie sur des partenaires multiples en fonction des projets : maisons d'édition, librairies, Maison des écrivains...

Va y avoir du sport! est le troisième livre solidaire orchestré par L'Écrit du Cœur et Gallimard Jeunesse après *Bonnes vacances!* (2004) et *De l'eau de-ci de-là* (2005).

L'ensemble des droits d'auteur et des bénéfices sera reversé à l'association SPORT SANS FRONTIÈRES.

Pour toute correspondance : L'Écrit du Cœur, 3, rue du Docteur-Heulin, 75017 Paris.
Mel : lecritducoeur@aol.com

Le maître de kung-fu

de Eliette Abécassis

Le maître de kung-fu s'est penché vers moi lorsque j'étais à terre ; il m'a dit :
– Lorsque tu combats, tu t'énerves et tu perds ta force. Tu t'agites dans tous les sens au lieu de te concentrer sur ton geste. Au contraire, observe la façon dont agit ton adversaire, regarde ses gestes, ses mouvements, la direction de son regard, et porte tes coups d'une façon précise. Pratique l'évitement, pour le fatiguer et lui faire perdre son énergie au lieu de perdre la tienne.

« Sois comme l'aigle, ajouta le maître de kung-fu. Repliée en bas, les bras étendus, déploie tes ailes pour éviter les coups. Sois comme l'oiseau, vole dans les airs avec agilité pour surpasser l'obstacle. Sois comme le scorpion : il porte un seul coup mais il est mortel. Sois comme le serpent. Il rampe à terre, discret et silencieux puis il te frappe au talon. Sois comme l'homme ivre, on le croit faible et stupide, et c'est au moment où l'on s'y attend le moins qu'il attaque, prenant l'autre par surprise.

Le maître de kung-fu s'est penché en avant de façon à faire une planche de son corps, tout droit, il a replié sa jambe en me prenant la taille et dirigeant son pied vers ma tête, tout en m'enlaçant, il a effleuré ma joue de son talon, le corps replié en souplesse.

– Voici le scorpion, a dit le maître de kung-fu. Si j'avais porté le coup, tu l'aurais reçu en plein visage.

« A présent, dit le maître de kung-fu, donne-moi un coup de pied au ventre.

Je me suis exécutée. Il s'est baissé, à terre sous ma jambe surélevée, a évité le coup, puis il s'est retourné, toujours en bas, rapide comme l'éclair, il m'a donné un coup de pied circulaire sur la cheville qui m'a déséquilibrée. A nouveau, j'étais à terre.

– Ainsi, dit le maître de kung-fu, tu peux éviter le coup en te baissant afin de porter un coup à ton tour. Puis un deuxième, un sur la côte et un sur la tête. Si tu réussis à éviter son coup, ton agresseur sera agressé et tu le vaincras.

Le maître de kung-fu s'adressa à moi en ces termes :

– A présent, donne-moi un coup de poing au visage de toutes tes forces.

Je fis comme il me l'avait dit, avec toute la force dont j'étais capable. Mais il prit mon poignet, déviant ma trajectoire et la puissance que j'engageai vers lui était si violente qu'elle me projeta vers le sol.

– Ainsi, dit-il, tu sais que tu peux utiliser la force de ton adversaire contre lui. Toute l'énergie qu'il projette contre toi, au lieu de l'absorber en la contrant, tu la détourneras et elle l'emportera vers sa propre perte. Ne t'affronte pas à la force, tu ne feras que perdre, ne te confronte pas directement à elle, mais essaye toujours de la dévier. Plus tu prendras les coups et plus tu seras affaiblie. Plus tu les éviteras et plus ton adversaire sera affaibli.

Le maître de kung-fu tendit une main vers mon visage. Je fis un blocage de mon bras replié, mais sans porter le coup. Profitant du fait que j'avais levé le bras, il m'atteignit en plein ventre.

– Par la feinte, dit le maître de kung-fu, tu peux déstabiliser ton adversaire en détournant son attention vers une fausse cible. Ainsi tu pourras porter ton coup où tu le veux, à l'endroit même où il aura baissé la garde.

« Tu es une femme, poursuivit le maître de kung-fu, tu es naturellement plus faible que les hommes. Même si tu es plus forte, car tu portes la vie, ta force physique ne te permettra jamais de combattre un homme qui te veut du mal. La seule façon de t'en sortir est de diriger la force de l'autre contre lui, comme s'il se battait contre lui-même. Tu seras un intermédiaire entre lui et lui-même jusqu'à ce qu'il se détruise.

Je suis rentrée chez moi. Il était là, il m'attendait, plus haineux que jamais.

– Depuis que je te connais, tu ne m'as apporté que des ennuis, dit-il. Tu ne vaux rien. Je devrais te frapper, ou te faire interner.

Pour la première fois, je ne le regardais pas. Je ne

combattais plus. Je ne répondais plus. Je ne pleurais plus.

Plus jamais je ne me laisserai faire du mal.

L'imposteur

de Kebir M. Ammi

Un garçon normal est un garçon qui saute, qui court, qui grimpe dans les arbres… J'essaie d'être ce garçon normal.

Je tombe et me relève. Je ne pleure jamais. Je décide que mes blessures, béantes parfois, sont insignifiantes. Aucune d'entre elles ne m'arrête. Je suis toujours debout. Prêt à entreprendre l'impossible. Sûr chaque fois que la présente tentative est la bonne. Je cherche inlassablement un arbre pour me hisser sur la plus haute de ses branches : je me vois sur la cime des arbres comme sur un trône, l'ivresse est ma couronne, je règne sur le monde, je lève les deux mains, je touche presque le ciel.

Mais de cette ivresse, je ne saurai rien. Je suis un enfant qui, quoi qu'il fasse, ne saura pas courir, sauter, grimper aux arbres… Mes tentatives se soldent toutes par un échec. La nature a décidé pour moi. Elle ne veut rien négocier, son verdict est sans appel, elle ne veut pas d'un arrangement avec moi.

Je tais ma colère et change mon fusil d'épaule avec un seul but dans ma ligne de mire : lui forcer la main ou la prendre au dépourvu. Je changerai plusieurs fois de méthode et d'approche pour trouver un compromis avec elle. Mais rien. Elle ne se laisse pas convaincre ni attendrir.

Il suffirait de peu de chose pourtant pour que je sois un sportif accompli, un garçon agile, capable de réaliser des exploits.

J'ai une volonté de fer, rien ne m'arrête.

Voilà. Disons que j'aurais pu n'être jamais séduit par le sport. Les choses auraient pu être plus simples. Mais j'aime courir et sauter et grimper… C'est ainsi. J'ai cinq ans et cela durera jusqu'à dix. J'aime lorsque le vent se met debout pour se plaquer contre mon visage avec le désir têtu de m'arrêter. J'aime lui tenir tête. J'échafaude en secret des stratégies savantes pour lui résister.

Je mettrai du temps à réaliser que mon corps et moi sommes deux étrangers. Il a sa propre vision des choses et j'ai la mienne. Il me semble, certaines fois, qu'il n'est là que pour susciter la moquerie.

Mes camarades pourraient rire de moi. Mais l'amitié qui nous lie est sacrée. L'envie de rire de moi ne leur traverserait jamais l'esprit. En revanche, il y a quelqu'un d'autre, sans la moindre compassion ni clémence. Il est tapi au fond de moi et il me ressemble comme un frère. Son rire est terrible. Il a mes yeux et mon rire. Il ne connaît nulle pitié.

Je me demanderai longtemps pourquoi mes camarades sont-ils mieux lotis ? Pourquoi cette injustice ? Qu'ont-ils fait pour mériter ces faveurs ?

Ai-je commis un crime, avant de naître, dont je ne sais rien ? Et eux, sont-ils nés purs de tout péché pour posséder ce pouvoir que je n'ai pas ?

Leur corps leur obéit. Il ne songerait jamais à les trahir. Ils courent, sautent, grimpent dans les arbres... Ils triomphent avec panache de tous les obstacles.

Moi, mon corps est constamment à l'affût de la moindre occasion pour contrarier mes désirs. En désaccord permanent avec ce que j'entreprends ou rêve d'entreprendre. Il me guette pour se mettre en travers de mes rêves. Il ne se contente pas d'être un fardeau, il conspire contre moi.

Mes bras sont lourds, mes jambes ne suivent pas... Je n'ai pas la légèreté de ceux qui font ce qu'ils veulent quand ils veulent. Ils ordonnent et leur corps s'exécute. La rue leur appartient, les arbres sont leurs royaumes... Leurs désirs n'attendent pas d'être formulés.

Pendant ce temps, l'enfant cloué au sol rêve qu'il est en train de sauter par-dessus des clôtures, des murs... Il se rêve léger comme un oiseau et volant par-dessus les vagues.

Il refuse d'abord d'admettre qu'il ne sait pas courir et qu'il lui faut laisser ça aux autres, les élus, les plus chanceux, ceux nés avec le pouvoir de faire ce qu'ils veulent quand ils veulent avec leurs corps, d'ordonner et de voir dans l'instant leurs corps exécuter leurs désirs.

Puis il accepte son sort. Difficilement, mais il l'accepte : il est condamné à regarder les autres, à compter leurs exploits, à être jaloux de leurs prouesses...

Mais je ne baisse pas les bras. Je cours dès que le temps le permet. Je cours. Et pas seulement dans la cour de l'école. Je cours dans ma tête. Dans mes rêves. Je cours. Je n'arrête pas. Je ne connais pas de répit. Même assis, je cours. Je ne tiens pas en place. Je n'en ai pas l'air, mais je suis un... sportif-né! J'emprunte les jambes de ceux qui courent. Leurs têtes. Ceux qui courent et qui triomphent des limites imposées à leurs corps. Je me glisse dans leurs chaussures, dans leurs poitrines, dans leur souffle, dans la sueur qui coule sur leurs fronts...

Je répète à haute voix dans mes songes que je n'en ai pas l'air mais que je suis un... sportif-né! Je le répète dix fois, vingt fois... Nul ne m'entend. Une chance. Un sportif-né! Mes rêves sont un immense stade. Je cours dans tous les sens et me roule dans les airs. Rien ne m'arrête. Car le sport, pour moi, c'est courir, sauter, grimper dans les arbres... C'est une porte qui s'ouvre. C'est une clef. C'est le moyen de s'échapper de son corps, du quotidien, du monde qui nous entoure... pour entrer dans un autre monde!

Je rêve. Je m'éloigne du sol. Je prends de la hauteur. Je m'élève. Je franchis des horizons insoupçonnés. Je suis léger. Je marche sur les nuages. A leur insu. Je cours d'un bout à l'autre du ciel. Rien ne m'arrête. Je suis brûlant comme un rayon de soleil. J'ai le poids d'une plume d'oiseau. D'une poussière d'étoile. D'un nuage égaré. D'un frémissement né sur la surface de l'eau. D'une lueur échappée à l'aube. J'ai la douceur d'une ride sur le visage du soir. Je pèse ce que pèse la liberté. Je suis son visage dans le grand miroir bleu.

J'ai décrété, et le décrète encore, dans le secret de mon âme, qu'un garçon normal est un garçon qui saute, qui court, qui grimpe dans les arbres... et que celui qui ne le peut pas ne sera jamais un homme libre.

La liberté se mérite. Se conquiert. Elle ne se donne pas. Elle est synonyme de... sport! Ou si l'on veut, le sport est la porte principale ouverte sur un monde de liberté. Voilà. Je m'échappe de mon corps quand je veux. Subrepticement. Par une porte dérobée. Je le quitte comme une cellule sise sous terre où j'ai déjà passé trop de temps. Je brise mes chaînes. L'ennemi est terrassé. Je lui fais faux bond pour me glisser dans un corps plus léger qui triomphe de tous les obstacles, à commencer par les limites imposées à lui par la nature.

Puis le temps fait son œuvre. A dix ans, un instant de lucidité, comme une lumière tombée d'un ciel inattendu, me fait clairement voir que je ne suis pas un vrai sportif et que je ne suis qu'un usurpateur, un imposteur, qui se livre à des arrangements avec ses rêves.

Je regarde mes camarades, les vrais sportifs, avec toute la tristesse du monde. Je viens de franchir un seuil. Je ne contesterai plus que ce sont eux les vrais sportifs, eux qui n'ont pas besoin de se livrer à des arrangements quelconques avec leurs corps ou la nature. Je les regarde. Admiratif et envieux. Je les regarde, avec toute la tristesse de mes dix ans, en attendant que dans une autre vie le partage soit plus juste ou qu'il me soit, au moins, plus favorable.

Je tourne le dos et la page à cette liberté qui ne veut pas de moi. Je suis amer même si je ne le laisse pas voir.

Puis je trouve un jour, sur un sentier, où je marche seul... Le sort a décidé de me faire une fleur. J'ai treize ans. Ou quatorze ans peut-être. Le soleil est violent. Je n'ai envie de rien. Pour une fois, je ne cours pas. Je marche. D'un pas lent. Je trouve un livre. Il s'appelle *L'Île au trésor*. Il m'emportera loin. Il me fera franchir des terres et des océans. Il sera mon premier livre lu de bout en bout. J'aurai le sentiment, en lisant, d'aller jusqu'au bout du monde. Je le lirai cinq fois, dix fois... J'en connaîtrai les virgules et les silences.

La lecture m'ouvrira son territoire. Je grimperai à ses arbres, franchirai ses clôtures, courrai dans ses allées, ses couloirs... Je deviendrai léger, je me perdrai dans les airs, dans l'espace, je ne resterai pas collé à la bonne vieille terre lesté de tout mon poids.

Une porte s'ouvre.
Une grande porte.
Je franchis un seuil.
J'entre dans un labyrinthe.
Je m'y perds. Délicieusement. Je n'ai aucune envie

d'en ressortir. Je lirai encore plus pour me perdre davantage.

Je lèverai la main et toucherai le ciel, caresserai le visage de la lune et cueillerai des étoiles. Et mettrai du désordre dans les lueurs de l'aube.

Je lis d'un bout à l'autre du jour. Et de la nuit. Je lis en marchant, en dormant… Je lis pour oublier que je suis lourd, que je pèse le poids de mon corps.

Je n'aime pas m'approcher du bout du labyrinthe. De sa fin.

Je découvre que la lecture, comme le sport, est une clef, un moyen de me délester de mon corps.

Elle me console chaque jour de l'autre sport que je n'ai pas eu l'heur de pratiquer. Je suis libre.

Je suis un imposteur heureux.

Le toit du monde

de Pierre-Marie Beaude

J'écrivais cette nouvelle quand j'ai appris la disparition de Christophe Lafaille, au Makalu. Que cette modeste histoire témoigne de mon très grand respect pour le courage des himalayistes, moi qui n'ai jamais atteint qu'un seul 4 000 dans ma vie.

Mon père a disparu le 21 mai 1986 au Makalu, l'un des plus hauts sommets du « toit du monde ». Il était parti du camp 3, situé à 7 600 mètres d'altitude, en compagnie du sherpa Yansing. Sans oxygène, en moins de dix heures, les deux hommes avaient atteint le sommet.

Comme souvent en haute montagne, le temps avait changé brutalement et la descente présentait de gros risques. Les hommes restés au camp virent débouler l'avalanche qui les emporta. L'un d'eux filma la scène.

Je l'ai repassée bien souvent, émue aux larmes, dans le secret de ma chambre. La séquence était filmée de trop loin; on devinait un vague mouvement ondulant que la mauvaise qualité de la pellicule rendait jaunâtre. Pas la moindre forme humaine, comme si mon père et son sherpa comptaient pour rien dans cette tragédie réduite au simple effet de forces mécaniques naturelles.

Devant les autres, je gardai les yeux secs, mais j'en voulus au monde entier, au ciel, à la montagne, à ceux qui croyaient pouvoir me comprendre. Un jour, je me souviens, j'ai giflé une fille de ma classe qui avait écrit, dans une poésie sur l'hiver, ce que des millions d'élèves avaient écrit avant elle : « la neige étend son blanc linceul ». Elle savait comment mon père était mort et croyait me faire plaisir en me faisant lire son poème.

Ma mère se trouvait dans le bureau des guides de Chamonix quand un contact radio lui apprit le drame. Elle savait qu'ils avaient réussi l'ascension, croisait les doigts pour la descente, attendant qu'ils aient rejoint le camp pour sabler le champagne. Je garderai toute ma vie la vision de son retour à la maison. Je compris tout de suite, et j'en voulus beaucoup à mon père qui venait par sa faute d'introduire le deuil dans notre famille ; c'est ainsi qu'alors je ressentis la chose.

Les journaux titrèrent comme on le fait dans de telles circonstances. *Drame en Himalaya... Makalu, deux alpinistes disparaissent.* Je mis une jupe plissée et des chaussettes blanches en l'honneur du député qui prononça l'éloge du disparu, salua la grande famille des montagnards. Face au Mont-Blanc, la fanfare fit retentir ses cuivres, à charge pour le plus haut sommet de France de porter notre chagrin au Makalu, comme si tous ces monstres de glace communiquaient entre eux par de secrètes antennes.

J'ai trouvé récemment un site Internet qui mentionne le nombre de ceux qui ont vaincu les sommets de l'Himalaya et, sur une colonne parallèle, le « nombre de décès durant l'ascension ». Pour le Makalu, les chiffres sont de 20 morts pour 167 réussites. Mon père et Yansing sont dans les deux colonnes. Ils ont réussi et sont morts. Je ne sais pas pourquoi je m'accroche à ce genre de statistiques : une façon peut-être d'apporter un peu de raison dans ce qui s'est gravé en moi comme une terrible gifle des forces aveugles qu'on a coutume d'appeler destin.

Ma mère décida de quitter cette montagne qui lui avait pris son mari, Maxime Forest, guide renommé, passionné d'escalade et de grandes voies glaciaires. J'avais douze ans. Après notre chalet et ses fenêtres ouvertes sur le Mont-Blanc, je connus un appartement du VIe arrondissement de Paris et mes promenades se réduisirent au périmètre du jardin du Luxembourg. Ma mère entretint le souvenir de mon père sur les murs de l'appartement : photos de lui en famille, à Noël, au jour de l'an. Mais pour le voir aux Grandes Jorasses ou à l'Eiger, je devais fouiller dans les cartons de photos remisés au placard. J'attendais l'absence de ma mère pour regarder l'autre image de mon père, celle qui ne s'affichait pas. Cordes et piolets étaient restés chez mon grand-père, en Savoie. Pas de place pour eux dans l'appartement parisien.

Trois ans après la disparition de mon père, le hasard fit entrer à nouveau l'alpinisme dans ma vie. Un garçon de ma classe, Mikaël, pratiquait l'escalade. Je dis à ma mère qu'il m'avait invitée chez ses parents; en fait, nous filâmes aux rochers de Fontainebleau. Pendant que je m'écorchais les genoux sous ses encouragements, une force intérieure me poussait, quelque chose d'obscur qui ne trouvait pas de mots pour s'exprimer. On dit que les petits des animaux et ceux des hommes font leur apprentissage en imitant instinctivement leurs parents. Mon père n'était plus là pour me servir d'exemple. Mais dans ma façon de poser mes pieds et mes mains sur la roche, un instinct me rapprochait de celui qui avait pratiqué les mêmes gestes avant moi. Je mis beaucoup d'obstination à réussir ces premières escalades, comme si ma vie en dépendait.

Vu l'état de mes mains et de mes genoux, ma mère s'aperçut vite que je lui cachais quelque chose. Elle ne me gronda pas; elle me recommanda seulement de bien réfléchir pour savoir si j'avais l'intention de me lancer un jour dans le sport de haute montagne. Ma mère, je crois, s'était faite très tôt à l'idée de me voir chercher à imiter mon père; elle avait ruminé ce souci durant ses nuits d'insomnie qui se terminaient toutes dans le canapé du salon; je l'y découvrais à mon réveil, endormie sur le tard malgré la radio allumée collée à son oreille. Les émissions nocturnes de France-Musique avaient l'étrange vertu de l'aider à trouver le sommeil.

Je lui dis mon intention de passer l'été à Pralognan, où mes grands-parents paternels habitaient. Elle ne fit aucune objection. Arrivée au chalet, je découvris le matériel d'escalade que Maurice, mon grand-père, avait préparé pour moi. Avec lui, je posai pour la première fois mes crampons sur le glacier. Je parcourus les dômes de la Vanoise, longues balades sans difficulté qui vous apprennent surtout à marcher en cordée. Ensuite, nous avons attaqué des voies un peu plus ambitieuses, la Tsanteleina, le Mont-Pourri, la face ouest de Péclet. Mon premier 4000 fut le Grand Paradis, en Italie, où mon grand-père m'emmena à la fin de l'été. C'est ce jour-là, au sortir d'une nuit dans un refuge surpeuplé, que la lumière se fit dans mon esprit, aussi vive que le soleil levant qui rosissait les sommets enneigés : je compris qu'à travers toutes ces courses, je ne cherchais pas autre chose que m'aguerrir pour aller un jour rendre visite à mon père. Je voulais me rendre près de lui, tâter la glace et la neige qui l'avaient retenu dans l'Himalaya, sans même nous demander la permission, à ma mère et à moi, de nous le prendre.

Grand-père Maurice n'était pas un bavard. Sa jeunesse passée dans l'alpage à garder les vaches en avait fait un de ces « taiseux », comme disent les gens, plus habiles à parler à leur chien qu'aux voisins. Devenu guide après son service militaire, il avait accepté la compagnie des humains, mais pas leur goût pour les longs discours. Je me revois prise de peur, un jour, dans le couloir des Italiens, à la Grande Casse. La glace était plutôt mauvaise, et c'était à l'époque une course un peu au-dessus de mes forces ; je ne voulais plus avancer. Je me suis mise à l'insulter, à le supplier, à crier que je voulais redescendre. Il recevait ce flot sonore sans rien dire, se contentant de tirer sur la corde à petits coups comme on ferait avec une biquette arc-boutée sur ses sabots. Après la course, je n'étais pas très fière de moi, et je lui ai fait des excuses. Il s'est contenté de sourire. Mais ce jour-là, comme si mon flot de paroles en libérait un autre, Maurice m'a parlé très longuement de mon père. Assis dans l'herbe, il avait sorti l'éternel jambon fumé et le bout de tome qui étaient, en course, son unique nourriture. Il me parla de Maxime enfant, de son caractère, de son don évident pour l'escalade, de ses premières courses, du jour où il était devenu guide. Son fils disparu, mon grand-père l'avait installé en lui, au chaud de son affection. Je compris qu'il regrettait de ne pas pouvoir aller là-bas, goûter à la neige du pays des yacks et du yéti légendaire, mais voilà, dit-il, « dans mon temps, l'Himalaya n'était pas à la mode; et maintenant, c'est trop tard ». Puis après une bouchée de jambon tranchée au ras de ses moustaches : « toi, ajouta-t-il, tu en reviendras ».

Voir l'Himalaya! Nous partagions le même rêve, lui avec le regret de ne pas pouvoir l'accomplir, moi avec l'espoir de le réaliser un jour. S'il m'enseignait ses meilleures techniques d'escalade, c'était pour que je revienne vivante de là-bas. Il me suivrait en pensée quand j'attaquerais les pentes du Makalu, il m'attendrait pour qu'une fois rentrée en France je lui raconte comment est cet endroit. Mon grand-père était un homme de l'espace et des lieux. Quand nous arrivions au sommet d'une course, il se plantait debout et tournait lentement sur lui-même pour recevoir les paysages toujours grandioses des Alpes, puis il m'énumérait les sommets des massifs : l'Oisans avec le Pelvoux, les Écrins, la Meije ; le Mont-Blanc avec la Verte, les Drus, l'aiguille du Goûter.

C'était dit, j'irais donc là-bas et je regarderais les lieux où Maxime, mon père, avait disparu, avec ce même regard tranquille que mon grand-père portait sur les sommets des Alpes.

Un soir, au moment de nous mettre à table, un homme a sonné à la porte. Lui non plus n'était pas très bavard. En entendant ses rares mots émerger du silence, je pensais à ces pics isolés qu'on voit, en montagne, sortir d'une mer de nuages. Il s'appelait Éric Nizier, habitait Chamonix. Il avait fait l'école des guides avec mon père. Mon grand-père ne se sentant plus de taille à parfaire mon apprentissage, il avait décidé de passer la main à plus jeune que lui. Ils avaient tout combiné dans mon dos, obtenu le consentement de ma mère, et oublié de me demander le mien, comme s'ils connaissaient la réponse à ma place.

Je me suis installée chez les Nizier à Chamonix. Je continuais mes études, et Éric m'emmenait en montagne pour que je passe un jour le diplôme d'aspirant guide. A l'école d'alpinisme, on savait bien que j'étais la fille de Maxime Forest. Un peu de silence se creusait autour de moi, mélange de respect pour le nom, de sympathie muette pour la perte de mon père. Et bien sûr, on m'observait.

Je passe sur ces années dont j'ai gardé un souvenir paisible, quelque chose comme une dure et patiente traversée de vallée à pas réguliers. Mon corps s'endurcissait. J'ai inscrit sur mon carnet de courses des voies très difficiles en rocher et en glace. Une fois, j'ai dévissé. Je me suis vue penduler au bout de ma corde, avec 1000 mètres de vide au-dessous de moi. Tout s'était passé si vite que je n'eus pas le temps d'avoir peur. Les jours suivants, je ressentis une grosse colère. Je m'en voulais terriblement de m'être laissé surprendre. La montagne m'avait adressé un avertissement sans frais ; j'entendis longtemps, durant mon sommeil, son silencieux rire.

Avec Éric, j'enchaînais les courses d'hiver. Je fus souvent à la limite de la rupture, mais il demeurait intraitable. Le Makalu revenait souvent dans mes rêves, et quand une expédition pour l'Himalaya se créa, je me proposai timidement. Éric fit celui qui n'a pas entendu. Ce jour-là, j'ai voulu quitter Chamonix. Il m'a rattrapée sur le quai de la gare au moment où j'allais monter dans le train pour Paris. Quelques mots suffirent pour me mettre face à la réalité :

– Tu n'es pas prête.

Je pleurai. Je compris que mon père était encore très loin de moi ; mais je n'en voulus pas à Éric, il n'avait fait que son devoir.

Il est parti avec deux autres guides pour réaliser l'ascension du Nanga Parbat. Pendant trois mois, jour après jour, j'ai suivi l'aventure, avec Aline, sa femme, Jennifer et Pierre, ses enfants. Je vivais très mal cette expédition. Dans mes rêves, je confondais le visage d'Éric et celui de mon père. Je faisais aussi des cauchemars à cause de celui qu'on appelle Ötzi, l'homme de glace, un chasseur de la préhistoire qu'un touriste venait de retrouver sur un glacier du Tyrol, après plus de cinq mille ans. Les journaux avaient publié ses photos (je l'ai vu, depuis, dans la chambre herméneutique aménagée pour lui au musée de Bolzano). Son corps décharné, momifié par le froid, me poursuivait. Il m'arrivait de crier en pleine nuit. Aline me calmait comme un enfant.

L'expédition Nanga Parbat a échoué. Après des jours d'attente dans des conditions météo détestables, les guides ont cru à une accalmie et ont tenté leur chance. Trop de vent, des froids extrêmes. Ils ont abandonné à 500 mètres du sommet. Sylvain, un compagnon d'Éric, avait des hallucinations, à cause d'un début d'œdème cérébral. Il a dû être évacué en urgence.

De retour en France, Éric a ruminé son échec. Il connaissait maintenant les situations limites qu'impose l'Himalaya et pensait à tout ce qu'il devait corriger s'il voulait sa revanche. Nous nous entraînions comme des damnés. Et c'est grâce à lui que j'ai enfin atteint le niveau qui me permettait d'envisager sérieusement l'Himalaya. Une seconde expédition fut montée sous sa responsabilité. Je crois bien que, secrètement, le choix qu'il fit du Makalu avait quelque chose à voir avec mon histoire. Éric savait ce que je voulais. Moi aussi. J'étais aspirant guide et j'avais vingt-six ans.

Il faut plusieurs semaines pour arriver au pied du Makalu où l'on établit le camp de base. La marche d'approche exige une grosse endurance. L'oxygène se fait rare, le cœur s'emballe, les temps se serrent. On traverse des villages ; les femmes arrêtent un instant leur tissage pour vous regarder passer. Des enfants timides vous entourent, des yacks tournent la tête tout en mâchonnant placidement. Aux cols, se dressent des mâts supportant des centaines de petits drapeaux de toutes les couleurs. Ce sont des fanions de prière. Ils claquent dans le vent pour attirer la bénédiction de la montagne. On croise aussi des monuments qu'on appelle des « chorten ». Ils contiennent les reliques de grands maîtres bouddhistes. Les gens se savent ainsi sous la protection de ces sages disparus.

Avec les sherpas, nous parlions un anglais de base, mêlé de mots français. C'était une langue utilitaire, pour nommer les choses qu'on montre, la nourriture, le matériel, dire « tout droit », « traverser le pont », « arrêter ». Leur langue à eux, celle qu'ils parlaient entre gens du pays, j'étais frustrée de m'en savoir exclue. Quelque chose me soufflait que c'était la seule langue capable de comprendre vraiment la montagne, les glaciers, les torrents, les villages, les chorten devant lesquels ils faisaient dévotement leurs prières. Les sherpas parlaient la langue des dieux de la montagne blanche qu'on apercevait maintenant tout au loin.

Je la vis pour la première fois en arrivant à un col où claquaient au vent les fanions de prière. Trois sherpas nous avaient devancés, malgré les 50 kilos qu'ils portaient sur le dos. L'un d'eux tendit son bras vers le Makalu en souriant de toutes ses dents. J'attendais depuis des années ce moment où je serais mise en présence de la montagne qui m'avait pris mon père. La marche était encore très longue, mais déjà je l'apercevais au loin, aux côtés du sherpa dont le sourire dénué de toute méfiance s'installait tranquillement en moi. Pourquoi aurait-il fallu s'inquiéter alors que les fanions et les chorten jalonnent notre route ; que les sherpas aient lancé le riz et allumé des bâtons d'encens pour s'attirer la bienveillance de la montagne ? J'essayai de me rappeler mes douze ans, ma jupe plissée et mes chaussettes blanches, et cette rancœur qui m'avait si longtemps rongé l'âme. Ici, tout s'effaçait. J'étais habitée par le sourire du sherpa.

Un Népalais nous a rejoints un soir. C'était un grand type, souple comme une liane. Il s'approcha de moi et me parla en assez bon français : « Je suis Sheng », dit-il ; je répondis que je me prénommais Aliette. Il tenait une tasse de thé bouillant contre laquelle il laissait réchauffer ses gants de laine. C'est alors qu'il a ajouté :

– Aliette Forest, je sais.

Sheng était le fils du sherpa Yansing. Je sus plus tard qu'il avait participé à plusieurs expéditions et atteint les sommets du K2 et de l'Annapurna. Il vivait dans un village d'altitude, à la limite des hauteurs habitables. Après le col où il nous avait rejoints, le paysage se réduisait à quelques torrents, une herbe rase et beaucoup de cailloux. On avait l'impression de franchir un sas entre le monde des humains et ces jardins de neige et de glace que le soleil mettait en beauté. Au campement, j'observais Sheng, son visage impassible, ses mains qui se réchauffaient à la tasse de thé noir ; il se nourrissait de la vue des sommets baignés par la lumière du soir, puis tournait vers moi ses yeux en amande. Une complicité naissait entre nous. Nos deux pères dormaient tout là-haut, dans ces neiges qui ne ressemblaient pas au « blanc linceul » des rédactions d'enfants. Elles étaient translucides, rosées et dorées ou encore d'un gris argenté, aptes à capter toutes les couleurs de la vie.

Je marchais souvent derrière Sheng. Je sentais qu'il rythmait son pas de façon que je ne souffre pas trop des traversées de moraines très pentues. Arrivés à 5 300 mètres, nous avons établi le camp de base. Les jours suivants, nous avons acheminé du matériel au camp 1, situé à 6 000 mètres, et nous y sommes restés huit jours, le temps de laisser nos poumons s'habituer au manque d'oxygène. J'eus des maux de tête qui firent craindre un moment la redescente pour éviter l'œdème. Éric et les deux autres guides, Trémel et Chinetti, pensaient déjà à monter plus haut.

Un jour où la météo s'annonçait favorable, Éric m'apprit qu'ils tenteraient d'installer le camp 2 le lendemain, à 6 900. Ils partaient à cinq : les trois guides et les sherpas Sheng et Tenza.

– Réfléchis, dit-il, c'est maintenant. Si tu ne te sens pas bien, tu ne dois pas venir. Trémel et Chinetti veulent bien t'emmener si tu prends 25 kilos de matériel. Sheng dit que tu peux le faire. Ensuite, il t'emmènera au col, à 7 600. C'est de là que ton père et le sien sont partis.

Je n'ai jamais aussi bien compris ce que signifie

évaluer avec justesse ses propres forces. Mes maux de tête avaient disparu, je respirais assez bien, même si l'altitude rendait chaque geste épuisant. Pendant qu'Éric me parlait, j'avais Sheng dans mon champ de vision, le visage impassible, en dialogue intérieur avec la montagne. Il pensait, lui, que je pouvais le faire. Il l'avait dit avant de se replonger dans sa contemplation. Maintenant, c'était à moi de prendre la décision.

Je suis allée à 6 900. Puis une fois le camp 2 installé, nous sommes redescendus pour ménager nos forces en retrouvant un peu plus d'oxygène. Quelques jours après, nous sommes remontés pour établir le camp 3 à 7 600. L'ascension depuis le camp 2 fut un véritable calvaire, et sans Sheng je n'aurais jamais réussi. Mes forces s'éteignaient lentement, comme si l'on me vidait de mon sang. J'étais happée dans un néant cotonneux où perçait la silhouette indécise de Sheng avec qui j'étais encordée. La corde se tendait, me tirait vers l'avant, je faisais un pas, sans même savoir à quoi il pouvait bien servir. En France, je me représentais le Makalu comme un but, un fruit à cueillir en grimpant sur la plus haute branche ; ici je ne tendais vers rien, je ne désirais rien. Sheng m'a raconté le lendemain qu'une avalanche s'était déclenchée sur notre droite et que nous avions dû bifurquer en urgence. Je n'avais rien vu. Je me souviens seulement d'Éric et des deux guides arrêtés sur un endroit plan, en train de monter les tentes. Nous étions arrivés à 7 600, après avoir tracé pendant onze heures dans une neige très lourde.

Sheng m'a allongée dans une tente, il a enlevé mes gants et mes chaussures pour vérifier l'état de mes extrémités qu'il a frictionnées avec une crème à base de graisse de yack. Ensuite, il m'a fait boire du thé pour éviter la déshydratation. Je me suis enfilée dans un duvet, Éric et Sheng à mes côtés. Il faisait moins neuf dans la tente et j'ai geint toute la nuit. On ne pouvait rien pour moi. Pas question de redescendre dans le noir.

Le matin, quand je suis sortie, le Makalu resplendissait dans un ciel bleu profond. Je me sentais mieux ; je pensais à Maurice, mon grand-père. Avec Sheng, j'ai fait quelques pas pour effacer les tentes de notre champ de vision. Ensemble, nous avons regardé l'endroit où dormaient nos deux pères ; c'était là, dans ces séracs peut-être, ou bien au pied de ces barres de roche jaune. Les glaciers formaient une combe irréelle que les dieux avaient réservée aux passionnés comme Maxime et Yansing. Ils y reposaient loin du bruit des villes, des autoroutes, et des fumées. La montagne leur avait réservé un palais de neige et de glace où les vents levaient une musique dont personne dans les grandes cités ne pouvait soupçonner la beauté. J'ai soudain été très heureuse pour mon père. Du visage de Sheng, caché par son bonnet, ses lunettes de glacier et le col de son anorak, je ne pouvais voir que le bout du nez enduit de graisse de yack. Mais je suis sûre que lui aussi était heureux.

J'ai pris des photos. Ensuite, nous sommes revenus aux tentes où les trois guides et Tenza avaient décidé de rester en attendant une fenêtre météo pour attaquer le sommet. Nous avons entamé la descente,

Sheng et moi. C'était en redescendant que mon père et Yansing avaient été pris par l'avalanche. Nous n'avons pas relâché l'attention jusqu'à notre arrivée au camp 2. Le lendemain, je suis redescendue au camp 1 pendant que Sheng restait au camp 2 où Éric et les autres ont fini par le rejoindre à cause du mauvais temps en altitude. Chinetti a même dû regagner le camp de base pour soigner une main gelée. Le médecin l'a amputé de quatre doigts.

Quelques jours plus tard, le ciel étirait de longs rubans de nuages légers comme des cerfs-volants, puis tout est devenu limpide. Éric et Sheng ont annoncé par radio qu'ils allaient remonter au camp 3 et tenter le sommet; les autres ont renoncé, trop épuisés.

Sheng et Éric ont atteint le sommet
le 24 mars 2000.

Sur la route du retour, Sheng nous a accueillis dans sa famille. Il m'a emmenée dans une pièce nue et sombre, au sol en terre battue. Une petite lampe brûlait devant une statuette du Bouddha. Il m'a priée de regarder à l'intérieur d'un coffre. J'y ai découvert le portefeuille de mon père, avec des photos de ma mère et de moi. Mon père avait aussi confié à la garde de son ami népalais une gourmette gravée à son nom et une chaînette en or, pour les récupérer à la descente. Le coffre contenait également un de ces moulins à prières comme on en vend à Katmandou. Il était fait d'un cylindre de cuivre incrusté de deux perles bleu clair et monté sur un manche de bois.

Sheng m'a montré comment on ouvrait le couvercle. A l'intérieur du cylindre étaient enroulées d'étroites bandes de papier couvertes d'une écriture faite de signes gracieux entrecoupés ici et là de vignettes dessinant des paysages, des maisons, la lune, le soleil. Ce sont, m'a dit Sheng, des versets d'un texte sacré qui parle de la montagne, des prières et des destinées.

De retour en France, j'ai remis à ma mère les objets personnels de mon père. Elle a gardé le portefeuille et la gourmette et m'a donné la chaînette en or. A mes grands-parents, j'ai offert le moulin à prières et montré les photos que j'avais montées sur mon ordinateur portable. Je l'ai posé sur la table de la cuisine et j'ai lancé le diaporama qu'ils ont regardé en silence, assis côte à côte sur le banc. A la fin, ma grand-mère a simplement dit :
– C'est une montagne qui impose le respect.
Et mon grand-père a ajouté, dans son parler si particulier qui me faisait parfois sourire :
– C'est un endroit que d'y rester, on n'est pas forcément malheureux.

Courir

de Philippe Besson

C'est un enfant dans la poussière. Un enfant qui s'élance sur un chemin de terre, on dirait qu'il en veut à la terre, au sol, qu'il lui faut s'en détacher, s'en défaire, qu'il cherche à s'envoler. Il agrandit sa foulée, il tient ses coudes bien collés contre ses flancs, sur son visage passe une douleur qui ressemble à une terrible détermination. Et plus il avance moins il soulève de poussière, comme s'il planait quelques centimètres au-dessus du sol, il va vite.

Il est né et il court là, au pied de ces collines qu'on désigne sous le nom de *mogotes*, dont le sommet est plat et les coteaux dégoulinants de verdure. Il est né et il court à Viñales, tout à l'ouest de Cuba, dans cette partie de l'île où ne se rendent que des touristes égarés. Il a le rêve de la capitale. Là-bas, les routes sont goudronnées, paraît-il, et il y a un stade, c'est plus facile pour apprendre à courir. Il a le rêve de La Havane. En attendant, il court sur les chemins défoncés, écrasés de soleil, cernés par les champs de canne à sucre, sous l'œil impavide de vieillards qui en ont vu d'autres et avide d'une petite fille qui préférerait qu'il s'intéresse à autre chose qu'à sa foulée. Il court quand l'après-midi décline, quand les pluies sporadiques et violentes jettent un peu de fraîcheur dans l'air immobile.

C'est un adolescent dans la misère. Un adolescent qui a fait le choix de l'exil et en paye chaque jour le prix. Sa famille lui avait bien déconseillé de partir mais il n'en a fait qu'à sa tête. « C'est à Habana que tout se passe. J'irai là-bas. » Il y est maintenant, il traîne dans les rues bondées, pétaradantes, mendiant un dollar à des étrangers indifférents ou se refusant à de gros hommes qui en veulent à ses seize ans. Il passe ses journées dans l'ennui, le désœuvrement. Il subsiste plus qu'il ne vit.

Mais le soir venu, il court à nouveau. Au long, tout au long du Malecon. Il évite les crevasses, se faufile entre les passants, ne prête pas attention aux gamins qui se balancent à l'eau depuis les remparts, ne regarde pas davantage les façades écroulées des demeures coloniales, il est concentré seulement sur sa foulée, sur le rythme de sa course. Il avance sans se soucier des autres. Le mouvement du monde ne l'intéresse pas. Seuls comptent le balancement de ses hanches, l'effort de ses cuisses, la tension de ses jambes, la souplesse de ses chevilles, la cadence de ses pas.

C'est un jeune homme dans la lumière. Un jeune homme qui s'échauffe sous les vivats de la foule, dans un stade chauffé à blanc. Il décontracte sa nuque, mouline ses bras. Son regard est vitrifié. Absent à ce qui le cerne, aveugle. Un regard tourné en dedans. Il se concentre avant le coup de feu. Il ne s'intéresse pas à ceux qui l'entourent, cherche à ne plus entendre les cris du public, il se dirige lentement vers les starting-blocks, cale son pied, pose un genou à terre, ajuste ses mains sur la ligne blanche, relève la tête pour mesurer le chemin à parcourir. A la seconde où le pistolet se déclenche, il s'arrache du sol, surgit, se projette. Se souvient-il de l'enfant sur les chemins de poussière ? De l'adolescent sur les trottoirs de La Havane ? Des sacrifices consentis ? De la rencontre providentielle avec un type que sa vélocité a bluffé ? Des heures interminables à s'entraîner ? Des écroulements, des blessures, des fatigues effrayantes ? Des souffles courts, des poings serrés, des bras levés ? Des espoirs placés en lui par le gouvernement ? Ou plus sûrement a-t-il tout oublié pour se concentrer uniquement sur la distance à parcourir, sur la ligne à franchir, là-bas, à deux cents mètres, à des milliers de kilomètres ? Et sur la victoire. Car seule la victoire importe. Contre les autres. Contre le chronomètre. Contre soi.

Il court, en suspension au-dessus du sol, jetant toutes ses forces dans la bataille. Une fois la ligne franchie, les bras en arrière du corps, le buste penché vers la piste, à quoi pense-t-il ? Sait-il déjà que son nom va s'afficher à la première ligne ? Que ce nom affiché à la première ligne, c'est son passeport pour la liberté.

Il relève la tête, et sourit tristement. Pour de vrai, il s'est enfin affranchi des origines, il est autorisé désormais à affronter d'autres soleils, des territoires neufs, à fouler des terres inconnues. Il vient d'abandonner un enfant, là-bas, très loin, aux confins de l'île, un enfant dans la poussière.

Le piège

de Jean-Noël Blanc

Cette année, Romain Le Garric avait décidé d'ajouter le Tour d'Italie à son palmarès, et quand un type comme lui décidait quelque chose, il prenait les moyens pour arriver à ses fins. Il avait donc réuni autour de lui, dans l'équipe Inac-Moshi dont il était le chef de file, une escouade de gagneurs : quelques solides cuissus pour l'emmener sur le plat, quelques grimpeurs pour l'escorter en montagne, et des hommes d'expérience pour surveiller le peloton : une bande de copains gonflés à bloc pour l'aider à conquérir le maillot rose.

Aucun d'eux n'ignorait que l'épreuve serait musclée, et que la course serait plus qu'une course normale. Les Italiens avaient en effet des comptes à régler avec Le Garric à propos d'une vieille affaire et ils étaient résolus à l'empêcher de gagner le Giro. La presse consacrait à cette rivalité des manchettes à la une, toute la Péninsule se passionnait pour ce conflit, le ton montait, et quelques jours avant le départ les équipes italiennes annoncèrent clairement la couleur : entre le Français et eux, ce serait la guerre.

Au cours des étapes initiales, il n'y eut pourtant que des escarmouches et des estocades. On s'observait. Le Garric et ses Inac-Moshi contrôlaient la course et muselaient sans trop de peine les excités qui cherchaient à flinguer. Les vraies hostilités n'avaient pas encore débuté, et seuls les seconds couteaux brillaient avant les arrivées où le peloton se présentait compact.

Ce fut à la septième étape que tout bascula. Une sale journée. La pluie dès le matin, le froid qui s'installait, les doigts gourds sur le guidon, l'asphalte glissant, une chute collective, Romain Le Garric pris dans l'omelette, son vélo inutilisable, une douleur au poignet, les voitures suiveuses qui mettaient du temps à venir dépanner les coureurs, l'encombrement, la panique, les Inac-Moshi éparpillés, Le Garric repartant avec seulement deux équipiers pour le tirer, la poursuite désespérée derrière ceux qui avaient profité de l'incident pour se faire la belle, les minutes qui défilaient à chasser sans réduire l'écart, la coalition des autres équipes qui laissaient Romain abattre le travail et qui le regardaient sombrer, et là-dessus la flotte qui n'arrêtait pas de tomber, un temps de Paris-Roubaix, des routes étroites et tortueuses favorables aux échappées : la scoumoune sur toute la ligne. A l'arrivée, Le Garric comptait près de cinq minutes de retard sur un groupe de dix coureurs parmi lesquels figurait un Italien bon rouleur qui, du coup, prenait le maillot rose et s'affichait comme le grand favori du Giro.

En moins de cent kilomètres, le sort de la course venait de se jouer. Les Italiens triomphaient. Le Français était définitivement enfoncé dans les profondeurs du classement général.

Le soir, à l'hôtel, il ne desserra pas les dents. Pas un mot au masseur, pas un mot au directeur sportif. Silence. Il avait l'œil noir des mauvais jours. Soupe à la grimace pour tout le monde.

Le lendemain matin, avant le départ, il convoqua l'équipe entière dans sa chambre. Conseil de guerre. Il avait réfléchi pendant la nuit, il avait arrêté sa tactique. Quelques coureurs émirent des doutes. Un retard aussi grand si tôt dans l'épreuve, les ententes visiblement nouées entre tous ses adversaires décidés à l'enterrer, sans oublier le nombre de bons coureurs qui désormais le précédaient au classement général : c'était cousu. Plus d'espoir. Comment ça, plus d'espoir ? Romain se mit en colère. Tapa du poing sur la table. On allait voir ce qu'on allait voir. Il était le patron et il allait le montrer. Son plan d'attaque était suffisamment fou pour piéger ses adversaires à condition que toute l'équipe joue le jeu. Il répéta son programme pour les jours à venir. Pas d'objections ? Bon. *Va bene.* Même si la chance était infime, il fallait la saisir. Après tout, il est permis de croire aux miracles. *Avanti.*

Lorsque Romain Le Garric se pointa au départ de l'étape, les Italiens le regardèrent en ricanant. Ils se moquaient ouvertement. Dans les choux, le champion français. A perpète. Écarté de la victoire. Ils ne cachaient pas leur satisfaction. Le Garric ne réagit pas. Il semblait serein.

C'était une étape sans piège, où normalement rien d'important ne devait se passer. Le peloton moulina en bémol jusqu'à l'annonce du premier « point chaud » : un sprint intermédiaire que les organisateurs avaient doté de quelques secondes de bonification pour exciter un peu la course. De la menue monnaie pour des coureurs de second rang, pas de quoi intéresser les cadors du classement général. Soudain, à un kilomètre de la banderole marquant ce sprint, toute l'équipe des Inac-Moshi jaillit en tête.

Un démarrage brutal. Le nez dans le guidon et en avant pour la partie de manivelles. Le Garric avait sauté dans le sillage de ses coéquipiers et il les suivit jusqu'à la banderole sous laquelle ils s'écartèrent pour le laisser passer en tête et empocher la bonification de cinq secondes.

Derrière, le peloton avait d'abord cru à une véritable échappée surprise, mais il avait à peine eu le temps d'organiser la chasse que déjà Le Garric se relevait et se laissait rejoindre. Il n'avait donc produit cet effort que pour grappiller cinq malheureuses secondes ? Fallait-il qu'il soit incapable de reprendre du temps à la pédale. Ses adversaires ricanèrent.

Cinquante kilomètres plus loin, il y eut un second sprint intermédiaire offrant une bonification, et pour la seconde fois les Inac-Moshi au complet attaquèrent et emmenèrent leur chef de file jusqu'au sprint où il engrangea cinq nouvelles secondes.

Cette fois-ci, les Italiens rigolaient franchement quand ils retrouvèrent les fuyards après leur escapade. A leur avis, Le Garric ne cherchait que des gains de misère et ils n'étaient pas loin de le prendre pour un poireau.

Cause toujours, le lendemain toute son équipe repiqua au truc. Et le surlendemain. Et le jour d'après. Toujours le même menu. « Point chaud » en vue, tous les Inac-Moshi en escadrille, développement tout à droite, la meute lâchée au train, et sous la banderole du sprint cinq secondes de plus dans l'escarcelle de Romain Le Garric.

Les journaux en faisaient des gorges chaudes. Ils se gaussaient de cette tactique sans panache, publiaient des caricatures, proposaient des calculs : si le Français ne grattait que dix secondes par étape, combien de semaines lui faudrait-il pour combler le retard de presque cinq minutes qu'il comptait encore sur le porteur du maillot rose ?

Les Inac-Moshi ne répondirent pas à ces piques. Comme si de rien n'était, ils continuaient à en mettre un coup sur la meule à chaque sprint intermédiaire.

Les gros bras du général ne s'inquiétaient plus, maintenant, de les voir démarrer. Ils laissaient chaque fois filer les faux échappés en sachant qu'ils se relèveraient tout de suite après avoir obtenu pour Le Garric sa bonification de gagne-petit. Pendant ce temps, ironique, tranquille, le maillot rose fumait la pipe bien à l'abri dans le peloton. Il lorgnait la montagne qui approchait, et il se disait comme tout le monde que Romain Le Garric gaspillait le jus dont il allait avoir bientôt besoin.

La première étape des Alpes, surtout, promettait d'être redoutable : trois grands cols d'un seul coup après les étapes de plaine. Les choses sérieuses allaient enfin commencer. Il fallait oublier les petites bagarres des jours précédents. Les écarts se chiffreraient maintenant par minutes. Adieu les calculs petit bras des Inac-Moshi.

Les coureurs abordèrent l'étape prudemment. Il y avait 80 kilomètres avant le premier col. Et deux sprints intermédiaires apportant les petites bonifications habituelles : au trentième et au soixante-quinzième kilomètre. Toute la caravane s'attendait à ce que, cette fois-ci, les Inac-Moshi restent dans leurs pantoufles avant d'aborder le plat de résistance du jour. Mais au premier sprint, alors qu'on était encore dans la plaine, tout recommença comme les jours précédents, et Le Garric empocha ses cinq secondes désormais coutumières avant de se laisser rejoindre.

Au soixante-quinzième, alors que les coureurs devenaient nerveux à l'annonce du premier col et que certains grimpeurs commençaient à jouer des coudes pour se placer en tête du peloton afin d'aborder la montagne en bonne position, les Inac-Moshi remirent le couvert. Le guidon par en dessous et un long sprint pour cinq nouvelles petites secondes de bonification. Les Italiens contemplèrent l'attaque de loin. Pas de souci, Le Garric allait se relever après cette mince passe d'armes.

Mais cette fois-ci les fuyards ne coupèrent pas leur effort. Ils continuèrent à la même allure. Il restait 5 kilomètres avant la montagne, et, sur ce parcours à peu près plat, ils foncèrent pour creuser l'écart sur un peloton surpris qui mettait du temps à réagir. L'équipe entière enroulait à bloc comme lors d'un contre-la-montre par équipe, et Le Garric restait dans les roues, se laissait entraîner dans le sillage de ses complices, profitait de leur aspiration, économisait ses forces.

Lorsque les barons du classement général condescendirent à s'inquiéter pour de bon, les échappés avaient déjà plus de trente secondes d'avance, et ils ne ralentissaient toujours pas. Mais fallait-il s'alarmer vraiment de cette fugue ? Les difficultés de la montagne allaient sans doute ramener à la raison Le Garric et ses équipiers.

Au pied du col, les Inac-Moshi ne lâchèrent rien. La montée débutait pourtant par un raidard plutôt sévère, mais dans les premières rampes même ceux qui n'étaient pas des escaladeurs mirent leur point d'honneur à grimper le plus vite possible pour emmener Le Garric qui ne quittait toujours pas l'abri de leurs roues arrière.

Derrière, l'affolement gagnait peu à peu. L'avance du Français devenait sérieuse, il fallait au plus vite organiser la poursuite mais qui donc oserait s'en charger, on se regardait en tête du peloton pour savoir qui prendrait la responsabilité de mener la chasse, personne ne voulait s'y coller de peur de s'exposer à une contre-attaque d'un adversaire, on s'observait, on se méfiait, on s'épiait, aucune entente ne naissait entre les poursuivants, le peloton avançait par accélérations brusques et ralentissements pendant que Le Garric tiré par ses équipiers augmentait régulièrement son avance.

Le maillot rose tenta de revenir seul sur les fuyards. C'était une réaction présomptueuse pour un coureur qui n'avait pas les qualités d'un pur grimpeur. Il se mit vite en surrégime mais ne voulut pas renoncer et se retrouva en équilibre entre les échappés et le peloton, dans une position d'isolement qui allait forcément le condamner.

Pendant ce temps, devant, les Inac-Moshi se défonçaient. Ils avaient accepté de tout donner pour leur chef de file et ils donnaient tout ce qu'ils avaient dans le ventre. Mais, à jeter ainsi leurs forces dans la bataille, ils se mirent en dette d'oxygène, et les moins escaladeurs d'entre eux commencèrent à lâcher prise, glissèrent dans les voitures, décrochèrent enfin. La haute montagne présentait l'addition et elle était sévère.

Au sommet du premier col, ils n'étaient plus que deux pour assurer le train. Romain Le Garric n'avait toujours pas eu besoin d'assurer le moindre relais et, bien à l'abri dans leurs roues, il suivait sans paraître forcer.

Depuis sa voiture qui les escortait, le directeur sportif des Inac-Moshi cria les nouvelles qu'il captait sur Radio Giro. Le maillot rose était toujours isolé, il ne pouvait compter sur aucune aide parce que la plupart de ses équipiers avaient été lâchés dès le début de la montée, ils étaient éparpillés, tout marchait comme prévu, l'attaque surprise avait fait exploser la course, il ne restait plus qu'à continuer.

Dans le deuxième col de la journée, l'un des deux équipiers de Le Garric se sacrifia pour assurer une allure élevée. Il était à bloc, il savait qu'après un tel effort il ne rejoindrait l'arrivée qu'à la limite de l'épuisement, mais il se dépouilla en roulant sur le grand plateau pour grimper plus vite. Bien calé dans sa roue, Le Garric avait choisi un braquet plus petit pour tourner les jambes en souplesse et, de temps en temps, il criait à son équipier d'accélérer. A sa manière de chatouiller les pédales, tout le monde pouvait voir qu'il était dans un bon jour.

Les trois échappés basculèrent au sommet avec près de quatre minutes d'avance et se lancèrent en kamikazes dans la descente.

Dans la vallée qui les conduisait au dernier col du jour, ils apprirent que le maillot rose avait pris l'eau et qu'il était à la rue. C'était plus grave qu'une panne de cuisses. Il avait reçu un coup de bambou somptueux, il s'était mis dans le rouge, il avait été rejoint par l'avant-garde du peloton, puis lâché, et maintenant il était en travers, à pied dans le talus, en train de compter les pavés.

Le Garric ne se réjouit même pas de la nouvelle. Le fléchissement de son adversaire principal ne lui suffisait pas : il voulait mettre à genoux l'ensemble du peloton.

Il pressa encore ses équipiers. C'était trop pour celui qui avait assuré un rythme d'enfer dans la dernière montée. Tant pis. Le Garric pouvait encore compter sur un homme pour le tirer pendant quelques kilomètres encore dans le troisième col.

C'était une pente violente de 8 kilomètres. Le Garric l'aborda dans la roue de son dernier équipier, mais bien avant la moitié du col, il le doubla, passa en tête pour la première fois de l'étape et commença enfin à produire son véritable effort. Lorsqu'ils le virent s'envoler ainsi dans la montée, en danseuse, les journalistes qui accompagnaient l'échappée constatèrent que Le Garric en avait encore beaucoup sous la pédale et qu'il était à présent parti pour assommer totalement ses adversaires.

Son équipier le regarda s'éloigner. Il avait mal partout, son cœur battait trop vite, il respirait avec peine, ses cuisses étaient de bois et ses mollets de flanelle, il était à deux doigts de vomir d'épuisement, il avait envie de s'arrêter et de balancer son vélo sur le bord de la route, mais lorsqu'il vit disparaître Le Garric dans les lacets situés plus haut sur la pente, il ne put retenir un grand sourire en admirant la pédalée vive et féroce du futur vainqueur du Giro.

(Ce récit s'inspire très librement d'une tactique effectivement suivie par Bernard Hinault et son équipe pour gagner un Tour d'Italie au début des années 1980.)

Une médaille dans le ciel

de Pierre Brunet

Je ne sais pas combien de temps j'ai gardé ce nounours. Peut-être deux ans. C'était un nounours judoka, un nounours vêtu d'un judogi (kimono de judo) et d'une ceinture noire. C'est mon père qui avait eu cette idée, alors que je prospérais innocemment dans le ventre maternel. Sur la première photo prise de moi, quelques heures après la naissance, j'ai ce nounours posé contre mon épaule, avec l'un de mes bras qui semble vouloir le tenir. Mon père avait été, jusqu'à l'âge de vingt-sept ans, un redoutable compétiteur en judo, catégorie moins de 78 kilos. Il était ceinture noire troisième dan, et avait décroché la qualification, une année, pour les championnats de France. Il avait disputé la finale de sa catégorie à Coubertin, mais il avait perdu en contre sur balayage. Longtemps, il a gardé sur son bureau, telle une mortification, la photo où on le voit, presque à l'horizontale, juste avant que son corps ne rebondisse sur le tatami, avec le pied de son adversaire encore en train de faucher à ras du sol, les jambes presque croisées. L'image était tirée du magazine *France Judo*, et on pouvait lire, en dessous, la légende : « Jean-Luc Boivin vient, en un éclair, de remporter la victoire sur son adversaire Francis Dupaquier, sur un De-Ashi-Baraï d'anthologie, à la plus grande surprise des spécialistes, qui voyaient déjà Francis Dupaquier en équipe de France. » Mon père n'a jamais été sélectionné en équipe de France de judo. Il a continué longtemps, après cette finale, à disputer des compétitions, mais il n'a plus jamais dépassé les éliminatoires des championnats de France. Il ne possédait qu'un CAP d'électricien, et avait, en quelque sorte, tout misé sur le judo. Mon père était né à Villetaneuse, et il n'aimait pas les études, sauf bien sûr les heures de sport obligatoire. Il avait commencé le judo à treize ans, un peu tard pour un futur champion, mais il était fabriqué pour ça : pas très grand, trapu, avec des cuisses et des bras puissants. Surtout, il possédait un mental fait pour le combat, et, même épuisé, même dominé, continuait à lancer des attaques farouches et désespérées. C'est mon professeur de judo, qui avait été le sien, qui m'a raconté cela. Quand mon père a compris qu'il ne parviendrait jamais aux sommets, il a cherché ce qui pourrait lui apporter l'aisance. Il n'aimait pas l'électricité, et connaissait quand même beaucoup de monde dans le judo. Alors il s'est lancé dans l'importation de judogis fabriqués au Japon. Mais son idée géniale, ce fut la conception d'un tatami révolutionnaire, ferme et amorti, antidérapant, et surtout montable et démontable très facilement. Le succès a été immédiat, et il s'est lancé dans le développement de son affaire avec la même détermination et la même combativité qu'auparavant dans la compétition. En quelques années il avait équipé une grande partie des clubs de France, et son triomphe fut la sélection de son modèle de tatami comme tatami officiel pour toutes les compétitions, y compris les jeux Olympiques, par la Fédération internationale de judo. Finalement il était devenu à sa manière un champion, et il avait été récompensé d'avoir tout donné à ce sport. Je crois que c'est pour cela qu'il ne pouvait concevoir que son fils ne fût pas un combattant, et surtout un judoka.

Ainsi, pour devenir le battant qu'il me fallait être, j'ai été inscrit au baby-judo à trois ans puis, le professeur de mon père, qui avait comme celui-ci déménagé à Paris pour ouvrir un grand club (équipé avec les tatamis de papa), a accepté de me prendre comme élève à l'âge de cinq ans. Le professeur de mon père avait des convictions très arrêtées en matière d'enseignement du judo. Il refusait les enfants de moins de cinq ans, car il estimait qu'il ne tenait pas une garderie, et que, avant cet âge, un enfant n'est pas suffisamment constitué physiquement et mentalement pour apprendre quoi que ce soit d'utile. Il s'appelait M. Le Bihan, et il possédait le grade de septième dan, qui lui avait été décerné au Japon, par le prestigieux institut du Kodokan à Tokyo. C'était un Breton taillé dans le granit, un peu bourru, mais passionné par cette discipline qui était sa vie, et qui semblait prendre de l'âge sans vieillir.

Au début, bien que contraint de le pratiquer, j'ai beaucoup aimé, moi aussi, ce sport. J'aimais le cérémonial, le salut en montant sur le tapis, le salut au professeur au début et à la fin du cours, la méthode traditionnelle, montrée une fois par le professeur puis re-expliquée par les plus anciens, ceux qui étaient au moins ceinture verte, de nouer sa ceinture et de plier son judogi dans son sac. J'aimais aussi l'exercice physique en lui-même, le jeu des corps dans le simulacre du combat qui nous épuisait joyeusement comme de jeunes chiots, la beauté de certaines techniques qui, exécutées par M. Le Bihan, semblaient ne nécessiter aucun effort, mais possédaient pourtant la puissance irrésistible d'une lame de fond.

Mais mon père a demandé à M. Le Bihan de m'inscrire aux compétitions, d'abord en poussins, puis benjamins et minimes. Je n'aimais pas me battre. Je n'aimais pas non plus la brutalité qui d'un seul coup s'emparait de mes adversaires dès qu'il y avait une médaille à la clé. J'ai toujours trouvé troublant cette impitoyable férocité qui habite subitement et sans honte quelqu'un à qui vous n'avez rien fait, et qui est prêt à vous blesser s'il le faut pour « gagner ». Gagner quoi ? Moi, les médailles, je m'en fichais. Ce que j'aimais, ce que j'ai toujours aimé, ce sont les étoiles. Les étoiles qui vibrent les soirs d'été clairs, insondables, et les chiffres. Pas les chiffres pour les chiffres. Les chiffres parce qu'ils sont la langue des étoiles. Les chiffres permettent de comprendre les étoiles. La distance fabuleuse qui les sépare de nous, la vitesse de propagation de leur lumière qui nous parvient bien après leur disparition, la densité de leur masse, la chaleur ou le froid intense de leur cœur, leur ellipse, leur attraction, leur expansion, leur explosion ou leur implosion, jusqu'à ne plus être que des naines blanches, des supernovae ou des trous noirs, quelque part dans cet infini où nous flottons en suspension sur notre vaisseau miraculeux.

Mon père ne comprenait pas mon amour des étoiles, et n'aimait les chiffres que parce qu'ils servent à estimer la réussite sociale d'un homme, son patrimoine, sa fortune. Il était donc extrêmement contrarié par mes heures de rêverie, seul, à ma fenêtre, le nez levé au ciel ou l'œil dans une lunette à trépied que j'étais parvenu à me faire offrir. Plus que contrarié, il était inquiet pour moi. Son inquiétude le poussait à essayer encore plus obstinément à faire de moi un gagnant, et les compétitions s'enchaînaient, plusieurs fois par mois, comme un chemin de croix. Moi, j'avais quand même développé des techniques de survie pour ne pas me faire abîmer par mes adversaires. Je me laissais assez facilement dominer physiquement. Par exemple, je ne cherchais pas à « imposer ma garde », comme me le recommandaient pourtant mon père et M. Le Bihan, mais j'économisais mes forces pour placer en contre un balayage par-ci par-là, ou sinon tenter d'immobiliser l'adversaire au sol en profitant de ma vivacité naturelle, mais là il me manquait souvent la tonicité musculaire suffisante pour tenir les vingt secondes réglementaires. L'autre technique de survie était l'indifférence. J'ai développé une véritable indifférence à la situation et à l'enjeu, et j'étais souvent comme un spectateur amusé de mes propres combats. Tout cela énervait papa au plus haut point. Il n'aimait pas le travail défensif en contre, car c'était comme cela qu'il avait été battu, en finale des championnats de France, et il en avait gardé un obscur et confus sentiment d'injustice et de tricherie. Il ne comprenait pas non plus l'indifférence, qui devait relever, à ses yeux, à la fois de la bêtise et de la lâcheté. Se comporter avec indifférence était se comporter avec faiblesse.

Pourtant, j'aurais bien aimé faire plaisir à mon père. J'aurais bien aimé, aussi, pouvoir lui parler. Mais il y avait un mur de verre entre nous deux.

C'est un dimanche de juin que quelque chose s'est passé. La veille, ma mère m'avait emmené à une soirée portes ouvertes « Découverte du ciel d'été » à l'observatoire de Paris. Je ne pense pas que mon père m'aimait moins que ma mère, mais ma mère m'avait compris, car elle ne voulait rien d'autre de moi que mon bonheur. Elle ne s'opposait jamais frontalement à mon père, mais savait canaliser son énergie à son avantage, et utiliser ses humeurs pour agir dans la bonne direction. Elle était, au fond, le meilleur judoka de la famille. Donc elle avait obtenu que nous allions, elle et moi, à l'observatoire, et cela avait été pour moi un émerveillement. Cela n'avait rien à voir avec ma petite lunette. Un bond en avant, une plongée dans l'espace-temps. J'avais pu observer, dans le télescope Arago, le « triangle de l'été », formé par les étoiles les plus brillantes des constellations du Cygne, de l'Aigle et de la Lyre : Deneb, Altaïr et Vega. J'avais pris mes repères pour les retrouver plus tard. En partant de Deneb, qui est en quelque sorte la queue du cygne aux ailes déployées dans le ciel, j'étais descendu vers le sud, jusqu'à Altaïr dans la constellation de l'Aigle, et, encore plus au sud, jusqu'au Serpentaire où Mars brille de son éclat rouge caractéristique. Et là, autour de cette ligne imaginaire, j'avais pu plonger dans la Voie lactée, cette galaxie spirale à deux bras, constituée de milliards d'étoiles, dont nous faisons partie.

Ainsi, à la compétition du lendemain, j'avais encore la tête dans les étoiles, comme on dit, et j'étais particulièrement indifférent. J'avais récemment grandi (comme une mauvaise herbe, avait cru bon de dire papa), et mon judogi, au contrôle, avait été jugé trop court. Il avait fallu que j'échange avec un camarade de club qui avait eu la gentillesse de me prêter le sien, et cela avait agacé mon père : le fils d'une ancienne gloire des tatamis qui se fait épingler pour non-respect du règlement ! Mais, étonnamment, dès que les combats ont commencé, ma joie intérieure s'est transformée en une sorte de grâce très efficace. Sans le chercher ni le vouloir, je « voyais » avec une surprenante acuité ce que mes adversaires allaient faire, et j'esquivais et contrais assez facilement. J'avais le sentiment de danser plus que de me battre. Mon père, pour la première fois depuis qu'il me traînait aux compétitions, ne me criait pas de conseils depuis les bancs. Il écarquillait les yeux, incrédule, aux côtés de M. Le Bihan qui hochait la tête. A la surprise générale, je me retrouvais en finale contre Salim Bouffoulous, une vraie terreur celui-là : très fort physiquement, avec un Morote-Seoi-Nage et un Tai-Otoshi redoutables, et une agressivité sur le tapis qui n'avait d'égales que sa gentillesse et sa politesse dans les vestiaires. Il était pressenti pour faire partie du groupe « Benjamins élite » de Paris et intégrer la filière espoir de la Fédération de judo, avec à la clé une carrière de champion. Il m'a sauté dessus dès le « Hajime » du début du combat. Il marqua très vite un Yuko, puis un Waza-Ari. J'étais mal parti, mais je m'en fichais, je dois dire, et je m'amusais presque. Salim voulut en finir et pivota en m'arrachant comme une brute pour lancer son Morote-Seoi-Nage d'haltérophile, mais il eut un dixième de seconde de vulnérabilité pendant le pivot. J'étais prêt. Le De-Ashi-Baraï partit tout seul, et Salim également. Son corps, en rebondissant à plat sur le tatami (encore le modèle de papa), fit un bruit comme les crêpes quand elles ratent la poêle et tombent sur le carrelage de la cuisine ; « Ippon ». Quand l'arbitre prononça mon nom au micro, et me remit devant tout le monde la médaille du vainqueur, j'ai cru que mon père allait pleurer. Comme je ne savais pas quoi faire de cette médaille, je la lui ai donnée, et il est resté comme ça, avec la médaille dans la main sans savoir quoi dire. J'ai trouvé qu'il ressemblait à Droopy quand il déclare : *you know what, I am happy*.

Mon père ne m'a pas dit grand-chose, en rentrant à la maison, mais je voyais bien qu'il réfléchissait beaucoup. Le soir, j'ai sorti ma lunette sur trépied et j'ai recherché les étoiles que j'avais repérées la veille. Mon père, timidement, est venu voir ce que je faisais. Il restait sur le seuil de la chambre sans oser entrer, alors je lui ai dit de venir regarder. Comme il était débutant, j'ai commencé par lui montrer les cratères de la Lune, puis Mars, qui se lève de plus en plus tôt à cette époque dans le Serpentaire, et, à proximité, Antarès, l'étoile rouge du Scorpion. Je suis revenu ensuite à la constellation du Cygne, car sa position intéressante, sur une sorte de fourche où le bras de la Voie lactée semble se partager en deux, me permettait de lui donner une idée de la forme de celle-ci. J'ai eu du mal à lui faire prendre conscience des ordres de grandeur qu'il voyait. Je lui ai expliqué que la Voie lactée a un diamètre de 100 000 années-lumière, et que le Soleil se trouve à 28 000 années-lumière de son centre. J'utilisais des mots simples, car les néophytes ont un peu de mal avec l'incommensurable.

Mon père ne m'a plus jamais obligé à aller aux compétitions. Il m'a simplement dit que cela lui ferait plaisir que je passe ma ceinture noire, et je l'ai fait pour lui. J'ai disputé les compétitions de passage de grade, et à seize ans j'étais ceinture noire. J'ai arrêté ensuite le judo, car mes études de mathématiques m'accaparaient de plus en plus, ainsi que les filles, qui m'occupaient, je dois l'avouer, presque autant que les étoiles.

Aujourd'hui j'ai quarante ans. Je suis astrophysicien et je continue, quand je vais voir mon père, à lui expliquer les étoiles. Il est à la retraite, maintenant, et il s'est acheté un télescope amateur haut de gamme. Il se passionne pour les trous noirs, la théorie du big bang et la question de savoir si l'univers est en expansion où si nous allons vers ce que mes collègues appellent un « big crunch », une phase de rétractation/implosion. J'essaie de lui apporter des éléments de réponse, mais j'ai, au fond, autant de questions que lui.

Je vais bientôt avoir mon premier enfant. J'ai retrouvé récemment, au fond d'une armoire, ma vieille ceinture noire, et je suis remonté sur le tatami, pour garder la forme. Les premiers cours, j'étais rouillé, mais je n'avais rien oublié. Je pense que j'inscrirai mon enfant au judo, pour danser avec lui.

Le respect

de François Cérésa

Quand il est arrivé à l'entraînement, on s'est bidonnés. Franchement, il n'avait pas le look. Ne pas avoir le look, au foot, ça pardonne pas. Et encore, ça, ce serait rien, s'il n'y avait pas eu le reste. Richet, on l'a tout de suite surnommé Gros-Cul. Inutile de vous faire un dessin. Remarquez, Youssouf, il dit toujours que pour faire un bon footballeur, faut avoir un gros cul. Question de pivot, d'assise sur les cannes, de centre de gravité. Gros-Cul avait ce qu'il fallait. Mais il le savait pas.

Youssouf, c'est notre entraîneur. Il a joué en division d'honneur au Petit-Clamart ou au Grand-Clamart, à moins que ce soit le moyen, quelque chose comme ça. A l'Association sportive GPT, il nous apprend à respecter l'adversaire. La semaine dernière, Rachid, qui est notre attaquant vedette, plutôt massif et balaise, le sourire en guidon de Harley, genre Ronaldo mais avec deux dents en moins, un sacré sens du dribble et de la relance, a insulté le libéro de l'équipe adverse. Il insulte tout le monde, Rachid. Et tout le temps. Ses poches sont bourrées de Mars qu'il se mange en avare. Là, il s'est mangé un bourre-pif. Le libéro et lui ont été expulsés. Youssouf a dit que c'était équitable. Lui, si on l'écoutait, les punitions reviendraient à la mode. Partout. A l'école et dans les cités. Pour l'exemple. Et pour le respect.

– C'est ça, la pédagogie. On est tous à la même enseigne. Les trucs de communauté, c'est des conneries. Sur le terrain, je veux pas entendre parler de ça. Compris, les merdeux?

Il éclate de rire et rectifie aussitôt:

– Vous voyez, là je causais comme Rachid. Les merdeux, c'était en trop.

L'autre jour, on a coincé Gros-Cul derrière les vestiaires.

– Tu t'appelles vraiment Richet? lui a demandé Rachid.

– Oui.

– T'es riche?

– Non.

– Et ton prénom, c'est Bernard?

– Oui.

– Comme bernard-l'ermite?

Tout le monde s'est fendu la pêche. Il y avait Mouloud, Tonio, Milan, Mamadou, Isaac et moi: Giovanni. La bonne petite équipe des benjamins de l'ASGPT. Rien que des fils d'émigrés. « La fine fleur des pois, mais plutôt chiches », comme dit Isaac en blaguant.

– Toi, Gros-Cul, tu cours grave comme une larve et tu shootes de traviole. Alors tu restes sur le banc.

Gros-Cul a regardé Rachid d'un air de dire: « Oui,

oui, t'as raison Ducon, ça doit être ça. » Mais il a pas renaudé dans le genre « j'hallucine ou quoi, je vais te maraver la chetron ». Gros-Cul, c'est un calme. Un pondéré. La semaine d'après, il a dit :
– Moi, je suis pas raciste, les racistes c'est des idiots.
– Qu'est-ce que tu veux dire ? a demandé Rachid.
– Je me comprends.
– Eh ben, comprends-toi en silence, Gros-Cul, sinon je te fais bouffer tes crampons.

Pas un mot de plus. Youssouf n'avait rien entendu. Quand il a voulu faire jouer Gros-Cul, Gros-Cul a fait non de la tête. On l'a vu partir plus loin et faire des jongles. Je me suis dit que c'était la faute de ce con de Rachid qui, ce jour-là, après avoir manqué un péno, s'en est pris à un groupe de filles qui piaillaient au bord de la cendrée.

– Pauvres taches ! Vous pouvez pas la fermer !

Les filles l'ont ignoré. C'est vrai, Rachid respecte personne.

La fois d'après, Gros-Cul a joué. A un moment, il a été en position de marquer. On était tellement admiratifs qu'on l'a pas vu s'étaler au-delà des vingt-deux. Seulement il y avait Rachid derrière. Et Rachid, on le connaît. C'est le roi du croche-patte. Dès qu'il y en a un qui lui taille un short, c'est le cas de le dire, il l'envoie sur la pelouse, même si c'est un équipier. Vous voyez le genre.

En plus, ni l'arbitre ni Youssouf n'avaient vu quoi que ce soit. Juste le cafouillage. Et le raté.

A la mi-temps, Gros-Cul a tendu la main à Rachid et a dit : « Sans rancune. » Rachid a repoussé la main de Gros-Cul et a répondu :

– Un bouffon qui rate un but tout fait, je lui serre pas la pogne. T'es trop nul, Gros-Cul.

Pendant six mois, on n'a pas revu Richet. On a été en finale de la Coupe de Paris et Rachid a été nommé capitaine. Il se sent plus. Dans l'équipe des benjamins de l'Association sportive GPT, c'est devenu un cador. Et même une pointure. Ça l'empêche pas d'être toujours aussi arrogant.

Un jour, du côté de Joinville, voilà qu'on rencontre une équipe de costauds. Presque des cadets. Les Lusitanos du RTJ. A un moment, Rachid s'est viandé juste avant la surface de réparation. Coup franc, pas penalty. Un type l'a aidé à se relever, celui-là même qui l'avait taclé, et a dit en sourdine :

– GPT quoi, pauvre naze ? Fais gaffe à tes combines à la noix. La prochaine fois, j' te rectifie le portrait...

C'était un défenseur central bâti en parpaing, avec un front pas plus épais que deux tranches de morue séchée. Rachid l'a pas ramené. A la mi-temps, il est revenu la queue entre les jambes. Il avait trouvé plus tocard que lui. Dans le vestiaire, il a dit qu'on avait un problème avec ces mecs qui respectaient rien. On était menés 2-1.

– C'est toi qui dis ça ? a fait Youssouf sur un ton vachard.

On est retourné sur le terrain et un type avec le même maillot que nous est arrivé en petites foulées. On a eu du mal à le remettre. C'était pourtant Gros-Cul. Métamorphosé. Mince et rapide sur ses jambes.

– Il joue ? a demandé Rachid.

– Je veux, a fait Youssouf. Milieu à la place de Tonio.

On me croira ou non, mais Gros-Cul a marqué deux buts. Quand le Cro-Magnon qui avait balancé Rachid avant la surface de réparation a voulu recommencer, Gros-Cul l'a évité. Il l'a gratifié d'une bourrade amicale. L'autre a d'abord rouscaillé, puis a éclaté de rire. Il a dit :

– Toi, ma parole, t'es un gentleman !

Avant le coup de sifflet final, Rachid s'est tenu à carreau. Il a quand même valsé en touche. Comme au rugby. Mais le rugby, c'est pas du foot, lui a expliqué Gros-Cul. Le foot, c'est un jeu de gentlemen joué par des voyous, et le rugby c'est un jeu de voyous joué par des gentlemen.

– C'est pas des conneries, ça ? lui a demandé Rachid à la fin de la rencontre.

Gros-Cul lui a tendu la main et Rachid l'a acceptée.

– Non, c'est pas des conneries.
– Tu m'en veux ? a fait Rachid.
– Non.
– Je t'appellerai plus « Gros Cul ».
– Et moi je t'appellerai pas Gros Con.

On a tous rigolé de bon cœur. Rachid a regardé Gros-Cul et lui a donné un Mars. Il a ajouté que le sport, c'était sans doute ça avant tout : le rire et le respect, et qu'il venait tout juste de le comprendre. Oui, le rire et le respect.

Nono

de Bernard Chambaz

Ce matin-là, ma mère m'a dit que je pouvais l'accompagner à l'hôpital pour rendre visite à Nono (mon grand-père). Il était tombé malade, un chirurgien lui avait ouvert le crâne, et si j'avais compris qu'après son opération il ne serait plus comme avant et qu'on aurait sûrement un peu de mal à jouer au ballon ensemble comme l'été dernier où la partie avait duré jusqu'au soir dans la cour de la ferme avec le ciel tout rose et un peu violet, je n'avais pas compris, mais pas compris du tout, ce qu'il en était.

Alors j'ai répondu à ma mère que j'aimais autant ne pas y aller. Ce n'est pas que je ne *voulais* pas mais je ne *pouvais* pas. Évidemment je l'adorais Nono, c'était lui qui était capable de me soulever d'une seule main, c'était lui qui ne ratait jamais le coq quand il le visait avec le ballon même du pied gauche, c'était lui qui m'avait laissé conduire sa voiture sur la route blanche et qui un jour avait coupé à travers champs en chantant *Le Chant des partisans*, mais cet après-midi-là j'avais un match de foot.

Le match le plus important de ma vie.

Ma mère a posé son bol de café. Elle a levé ses yeux sur moi et j'ai vu qu'elle avait son regard des mauvais jours, son regard triste. Elle a dit : « Gino... (c'est moi Gino)... tu sais...! » Mais elle ne trouvait pas ses mots. Je ne savais donc pas ce que j'aurais dû savoir. J'ai fini mes flocons d'avoine et j'ai filé dans ma chambre. Par la fenêtre, je voyais les nuages gris rouler au-dessus des toits. La météo l'avait annoncé : il risquait de pleuvoir l'après-midi. De toute façon, j'ai toujours aimé jouer sous la pluie.

Après un coup d'œil sur mes verbes irréguliers, j'ai vérifié les vêtements posés la veille au soir sur le dossier de ma chaise selon un ordre rituel bien que je ne sois pas superstitieux : mon maillot jaune citron, mon short noir, mon cuissard noir, mes bas noirs. Par prudence, j'ai préparé mon sac de sport, où j'avais déjà rangé mon tee-shirt jaune Van Gogh et le sac en plastique où ma serviette de bain et mon Tahiti-douche passaient la semaine. Enfin, j'ai sorti du placard mes chaussures à crampons.

Le matin, je suis allé en classe. Le brevet se profilait à l'horizon. Mais je ne parvenais pas pour autant à fixer mon attention sur le problème de géométrie, ni sur les exercices de latin, ni même sur les merveilles des kolkhozes. Je repensais à notre demi-finale, au bonheur d'avoir éliminé le favori de la Coupe, au soleil ce jour-là par-dessus la tribune en bois du stade, mais s'il avait plu qu'est-ce que ça aurait changé ? Et puis je pensais déjà à notre finale, bien que Momo (notre entraîneur) nous l'eût déconseillé.

D'habitude, pourtant, les cours de latin m'amusaient parce que c'est rigolo de voir comment se combinent des mots dans une autre langue. *Morituri vos salutant.* Ça veut dire : « ceux qui vont mourir vous saluent », par exemple les gladiateurs avant d'affronter un lion ou les soldats romains avant de partir en campagne. Nono racontait volontiers ses souvenirs d'école à lui. Il était fier, comme si c'était hier, du tour qu'il avait joué à son professeur de français qui avait donné en sujet de composition : « Narrez votre dernier match de football. » Nono avait rendu une copie blanche avec juste une seule ligne : « Terrain gelé, match remis. » Moi je crois que je n'aurais omis aucun détail, que j'aurais écrit ce jour-là le plus long devoir de ma vie. En général, Nono ne mâchait pas ses mots. Avec son sourire ironique, il répétait souvent cet adage : « Au foot il n'y a pas que des cons, mais tous les cons y sont ! »

Nono considérait malgré tout qu'il y avait des poètes au foot. Les poètes n'étaient pas ceux qui cueillaient des pâquerettes sur le bord du terrain mais ceux qui faisaient des merveilles avec leurs pieds. Il faut dire que Nono aimait la poésie. Parfois il me récitait des vers. Je ne comprenais pas tout mais j'aimais bien la musique. Après sa mort, Nana (ma grand-mère) m'a donné trois petits carnets en cuir marron désséché, chaque page à petits carreaux remplie de son écriture avec les boucles à l'ancienne. Il l'aimait tellement, la poésie, qu'il avait même composé une équipe de foot rien qu'avec des poètes. Il avait mis Apollinaire – son préféré – dans les buts, Victor Hugo en libéro pour la largeur de sa vision,

Baudelaire en milieu défensif et Rimbaud ailier gauche parce que c'était l'homme aux semelles de vent.

A midi, j'ai mangé des pâtes à l'huile d'olive et deux desserts. Une banane et un petit pot de mousse au chocolat. Un petit pot, c'est vrai, un seul, car je ne voulais pas être trop lourd. A une heure, j'étais déjà prêt à partir et je tournais en rond. Mon cousin Fausto m'a téléphoné pour me souhaiter bonne chance (lui il avait arrêté le foot après le voyage autour du monde qu'il avait eu la chance de faire quatre ans auparavant et désormais il jouait au rugby). Ensuite, j'ai pris mon sac de sport sur l'épaule et je suis parti. Quand j'ai franchi la porte, je me suis dit qu'à mon retour je serai peut-être champion académique.

J'ai retrouvé mes équipiers devant l'autocar qui nous conduisait au stade. Au lieu de plaisanter et de chahuter, chacun était silencieux. Je regardais le paysage par la vitre, les rues pleines de monde qui n'allait pas au stade, le ciel avec ou sans nuages, ça dépendait si l'autocar tournait à droite ou à gauche, et quand j'ai vu la croix verte d'une pharmacie qui clignotait j'ai pensé à Nono. A cette heure, j'aurais dû être à l'hôpital. Je me suis juré d'aller voir Nono dimanche. Et de lui apporter la coupe pour la lui montrer.

A l'arrivée, au lieu de s'attarder, nous sommes entrés aussitôt dans le vestiaire. Je me suis assis au fond, près des douches. J'ai sorti mes affaires de mon sac et je me suis habillé lentement.

Nono avait joué gardien de but et il conservait une prédilection pour ce poste. Il disait que c'était une chance de garder les cages. 7,44 mètres sur 2,32 mètres. A dix ans, ça paraît large et haut. Au fur et à mesure, on s'habitue. Et puis, cage ou pas cage, d'une certaine manière il nous arrive de nous envoler. A défaut, en tout cas, on passe notre temps à plonger.

L'arbitre a vérifié nos licences. Ensuite, les vingt-deux joueurs sont entrés sur le terrain.

Moi je me suis assis sur le banc. C'est la place du gardien remplaçant.

Arnaud, le gardien titulaire, était même le capitaine de l'équipe. Alors j'ai enfilé mon K-way par-dessus mon beau maillot jaune citron. L'arbitre a sifflé le coup d'envoi. Si je racontais le match, ce serait trop long. Parce que je le raconterais minute après minute. Il paraît que le foot développe la mémoire. Je confirme. Mais c'est surtout vrai quand on joue. Et moi je regardais Arnaud et les copains disputer la fameuse Coupe.

A la mi-temps, on en était à un but partout. Arnaud avait été impérial, comme d'habitude. Momo a dit qu'il voulait éviter les phrases toutes faites, mais que c'était d'abord un *jeu*, un jeu où c'était toujours mieux de gagner, mais un jeu, et qu'il fallait surtout se faire plaisir. On s'est tous regroupés et on a poussé un cri comme un ours au fond de la forêt du Wyoming (ça ce n'était pas une phrase toute faite de Momo, je l'avais lue dans un roman de Jack London et comme j'aime bien les ours et le nom « Wyoming » je me la suis rappelée).

A la cinquante-deuxième minute, sur un corner, Arnaud est mal retombé sur sa cheville. Il boitait. Il a bien essayé de trottiner mais il n'était plus en mesure de s'envoler ni même de plonger. Il a fait un signe à Momo et Momo m'a dit : « Tu peux enlever ton K-way ! » Quand on s'est croisé, Arnaud m'a tapé dans les mains, enfin, sur les gants, et il m'a dit : « A ton tour Gino ! oublie pas qu't'es un dieu ! » J'étais terriblement excité et pourtant très calme. Mais je pouvais entendre mon cœur cogner dans sa cage.

En fait, je n'ai même pas eu le temps de penser à Nono. J'ai arrêté un tir, j'en ai détourné un autre, un troisième s'est écrasé sur la barre transversale mais, comme on dit, il n'y a pas de grand gardien sans un peu de chance, sans baraka (c'est un mot arabe qui veut dire « bénédiction »). Mes relances à la main ont été propres. A un moment, je suis sorti de la surface de réparation pour dégager le ballon au pied devant l'avant-centre de l'équipe adverse. Tout se passait au mieux, sauf qu'on n'arrivait pas à mettre un deuxième but.

Tout se passait au mieux, jusqu'à la quatre-vingt-huitième minute. Je ne savais pas que c'était la quatre-vingt-huitième minute, je n'avais plus le sentiment du temps, j'étais sur un nuage. Alors j'ai vu arriver leur avant-centre, encore lui, j'ai plongé, sans le toucher, mais il est tombé. L'arbitre a sifflé un penalty et m'a donné un carton jaune. Il ne faut pas dire de mal des arbitres, je sais, et Nono m'a appris à ne jamais en dire de mal, mais parfois il faut faire de drôles d'efforts. Heureusement les copains m'ont encouragé. Du bord de la touche, Arnaud m'a crié un truc que je n'ai pas compris, mais je me suis répété : « Je dois arrêter le penalty ! je dois arrêter le penalty ! »

Je me suis même dit que si je l'arrêtais Nono serait guéri.

Quand l'autre s'est élancé, j'ai pensé à ne pas fermer les yeux et à bien regarder ses pieds. En une fraction de seconde, j'ai choisi le côté droit et j'ai plongé à mi-hauteur. J'ai entendu des cris. J'ai cru, une autre fraction de seconde, que les autres criaient de joie parce que le ballon était au fond des filets. Puisque je ne l'avais pas arrêté ni même touché. Et puis j'ai compris qu'il était passé à côté. Alors je me suis relevé d'un bond et les copains sont venus me féliciter. Ensuite, il a dû y avoir un gros coup de vent. Sur mon dégagement, le ballon est monté très haut, il a rebondi plusieurs fois avant de retomber dans les pieds de Théo qui l'a repris de volée. Le gardien a été médusé. Deux buts à un.

On a fait un tour d'honneur avec la coupe. On a salué les poteaux de corner et les arbres derrière la rambarde. On a pris la douche tout habillés. Le retour en autocar a été bruyant. A l'arrivée, je me suis rendu compte que je n'avais pas pensé à Nono depuis la fin du match. Arnaud, en bon capitaine, a été le premier à emmener la coupe chez lui. J'ai demandé si je pouvais l'avoir dimanche. Momo m'a dit que je ne l'avais pas volée.

Quand je suis rentré à la maison, assez tard, ma mère n'était pas là. Elle est rentrée tard. Ses yeux trahissaient des larmes mal essuyées. Elle a esquissé un sourire quand je lui ai annoncé que j'étais champion, mais elle ne semblait plus m'écouter quand je lui ai dit, exagérant à peine, que j'avais arrêté un penalty décisif et dégagé le ballon pour le but de la victoire.

Par la fenêtre de ma chambre, je voyais le ciel rouge de juin descendre sur la maison en face. J'ai ajouté que Nono serait sûrement content de voir la coupe dimanche. Le soir, j'ai eu du mal à m'endormir.

Toutes ces émotions, ça fait des souvenirs. Je vous l'avais bien dit. La preuve, j'ai l'impression que c'était hier. Alors qu'aujourd'hui, c'est moi qui ai l'âge de Nono.

La course de sa vie

de Gérard de Cortanze

A cinquante-sept ans, Gerardo Cortazone était un professeur d'éducation physique aimé de ses élèves mais contesté par sa hiérarchie, qui le trouvait extravagant, et plus encore par ses collègues, parce qu'il avait toujours refusé d'appartenir à un quelconque syndicat d'enseignants. Ancien sportif de haut niveau qui avait failli intégrer l'équipe de France de relais 4x100 mètres l'année où Piquemal, Delecour, Buget et Lagorce avaient battu le record du monde, il appartenait à cette catégorie d'être humain pour qui le simple fait d'être en vie procure un bonheur inestimable. L'idée de constituer une équipe susceptible de participer à la rencontre inter-collèges rassemblant tous les établissements scolaires de la ville n'avait pas été acceptée avec enthousiasme. Il lui avait fallu faire preuve de beaucoup de ténacité pour voir son projet aboutir. Les opposants les plus farouches évoquaient des débordements possibles : dans ce quartier sensible, le lycée Guillaume-Apollinaire avait dû, à plusieurs reprises, faire face à des problèmes de drogue, de bagarres entre élèves, et à des agressions de professeurs. Les plus sceptiques prévoyaient une débâcle : à l'époque d'internet et des jeux vidéo penser pouvoir créer une dynamique autour d'un relais 4x100 mètres relevait, au mieux, d'une naïveté coupable, au pire, d'un manque total de lucidité quant à la réalité d'un établissement qui n'avait de poétique que le nom qu'il portait.

Mais depuis ce jour de mai 64 où, victime d'une déchirure des ligaments sur la piste cendrée du stade de la Meinau à Strasbourg, Gerardo avait vu tous ses espoirs de sélection en équipe de France s'envoler, il avait compris que la grande leçon du sport était une leçon de vie : en apprenant à perdre on finit toujours par gagner. Et aujourd'hui, quoi qu'il arrive, il avait déjà gagné. Le relais 4x100 mètres du lycée Guillaume-Apollinaire était là, bien présent au départ de la course, avec un but affiché : la remporter.

Cela faisait maintenant presque trois mois que Gerardo avait préparé les quatre relayeurs. L'entraînement avait d'abord commencé par une cadence lente, presque timide, de deux fois par semaine, faite de séances de musculation puis de plusieurs séries de courses de vitesse sur piste. Les derniers temps, la cadence était montée jusqu'à quatre séances par semaine, et comprenait cette fois l'apprentissage très particulier du passage de relais. Bien tenir le témoin. Changer de main au bon moment. Attendre le partenaire. Démarrer ni trop tôt ni trop tard. Doser son effort. Gagner quelques dixièmes de seconde en tendant le bras juste ce qu'il faut. Et surtout, surtout, ne pas mordre sur la ligne blanche de son couloir, ce qui est synonyme d'élimination.

Maintenant, il en était certain, les quatre relayeurs étaient fin prêts. Les chronomètres réalisés, en amélioration constante, le démontraient. Plusieurs secondes de gagnées en quatre mois. L'exploit était de taille. Ne se bat-on pas parfois dans une courte carrière de sportif pour quelques dixièmes de secondes... A peine quelques mètres, oui, toute une vie pour quelques mètres...

Perdu au beau milieu de la tribune, parmi plusieurs centaines d'autres spectateurs, Gerardo attendait le départ de la course sans impatience ni inquiétude. Simplement heureux d'être là et d'avoir accompli cette mission à laquelle personne ne croyait. Ni les parents, ni les autres enseignements, ni ce qu'on appelle les « acteurs sociaux », ni surtout les élèves. Car l'enjeu était de taille. Quand il avait soumis son idée devant toute la classe réunie dans le préau du lycée, parce que la pluie qui tombait empêchait le cours d'avoir lieu normalement, cela avait déclenché un beau chahut. Demander à Amadou de passer le bâton de relais à Vladislav, qui le donnerait à Farid afin que ce dernier le glisse dans la main de Moshé, avait fait rigoler tout le monde. Une voix s'était élevée des derniers rangs, résumant la situation dans un tonnerre de ricanements et de rires imbéciles :

– M'sieur, c'est pas possible. Banania qui donne le bâton à Frite, qui donne le bâton à Couscous, qui donne le bâton à Shabbat ! On va droit à la déroute !

Plusieurs autres s'étaient immédiatement engouffrées dans la brèche :

– Une équipe de culs-de-jatte, m'sieur !

– Y sont toujours en train de se chamailler, comment voulez-vous que ça marche ?

– Y sont déjà fatigués rien qu'à l'idée de se déplacer de leur chaise au tableau, m'sieur !

– On va s'prendre une râclée, on va passer pour des barjots !

– Justement, non, je pense que non, répondit Gerardo. Ce sont les meilleurs de la classe...

– Les plus nuls, oui, le bâton de relais, y vont se taper dessus avec, m'sieur !

– Il faut leur donner une chance. Et leur chance, c'est la vôtre, décréta Gerardo, sur un ton qui était sans appel. Ajoutant : « Babania », « Frite », « Couscous » et « Shabbat » vont nous montrer non pas ce qu'ils savent faire mais ce qu'ils peuvent faire.

Derrière ces surnoms se cachait la réalité de cette classe de seconde que Gerardo observait depuis la rentrée avec une infinie tristesse, lui le fils d'émigrés italiens, dont les grands-parents et les parents avaient tant souffert dans cette France qui les avait accueillis du bout des lèvres, mais à l'intérieur de laquelle ils avaient fini par s'intégrer, par parler une langue dont ils avaient vite compris qu'elle serait désormais leur seule patrie, leur seule terre d'asile, où cicatriser en silence les plaies de cet exil qu'ils avaient, bien malgré eux, légué à leur premier garçon. Prénommé Gérard, comme tous les bébés de sexe masculin de cette époque, ce dernier, une fois adulte, avait fini par se faire appeler Gerardo puisque l'Italie chantait en lui et qu'il avait décidé un jour d'y effectuer un retour définitif, d'habiter son nom, son passé, son histoire, d'en finir avec la honte de ses origines et de puiser dans ce puits de chances qu'il avait d'abord pris pour une suite sans fin de handicaps.

– On y arrivera jamais, dit Amadou-Banania.
– Je cours comme un pied, objecta Vladislav-Frite.
– C'est absurde, lança Farid-Couscous.
– Je m'arrangerai pour être malade le jour de la course, ronchonna Moshé-Shabbat.

Gerardo, des tribunes du stade Élisabeth, regardait le chemin parcouru depuis cette première prise de contact où il avait cru, l'espace d'une seconde, que tout était perdu. Les quatre relayeurs, qui avaient fini de s'échauffer, enlevaient maintenant leur survêtement, et se tapaient rituellement la main une dernière fois, souriants et sérieux. Quel chemin parcouru, en effet! Dans un premier temps, Gerardo avait dû se rendre à l'évidence. Amadou, dont la famille venait de Yaoundé au Cameroun, détestait Vladislav parce que le grand-père de celui-ci, Belge d'origine polonaise, avait été chasseur d'ivoire au Moyen-Congo. Une vieille histoire de colonisation, une blessure qui se rouvrait en permanence. Farid, quant à lui, petit-fils d'un soldat algérien qui avait libéré Paris dans un des chars de la division Leclerc, détestait Moshé, dont les grands-parents étaient morts gazés à Auschwitz, « parce que Moshé, ça fait Moshé Dayan ». Sans compter que Moshé soutenait que Vladislav, « comme tous les Polonais », était antisémite ; et que Farid en voulait à Amadou qui lui avait dit que le Coran était un bouquin à jeter au feu. « Comment voulez-vous que ces gamins s'entendent ? avait objecté le directeur de l'école à son professeur de gymnastique. Ils se détestent tous, toujours prêts à prendre prétexte d'on ne sait quelle nouvelle répercutée par le journal de vingt heures pour réanimer de vieilles querelles et se replier sur des réflexes communautaires. »

Gerardo ne cessait de rappeler, souvent en vain, à ses élèves que les affaires du monde n'avaient parfois que peu de rapport avec les leurs, plus quotidiennes, plus intimes, liées à leur quartier, à leur école, à leur vie en France; que le XIVe arrondissement n'était pas la bande de Gaza, ni la Côte-d'Ivoire, ni l'Irak, que les convictions religieuses relevaient de l'intimité de chacun, que les conflits n'étaient pas transposables, et qu'ils devaient se méfier comme de la peste, « oui, mes enfants, comme de la peste », des adultes toujours prêts à les manipuler, à les faire défiler ici ou là, revendiquer ici ou là, pour servir des intérêts qui n'étaient pas les leurs. « Prenez votre destin en main, nom de Dieu. N'écoutez pas les prophètes de tout poil, les chefs religieux, les chefs de gang, les politiciens patentés. Faites-vous votre opinion par vous-même. Ne croyez qu'en vous. »

Tandis que les coureurs prenaient place tout le long de la piste, en se tapotant les cuisses, en sautillant, en pratiquant les dernières élongations de façon à ne pas se refroidir, Gerardo revoyait, comme dans un petit film d'amateur, le premier geste symbolique qu'il leur avait demandé d'effectuer, un soir, après les cours : se passer le bâton de relais. Plusieurs fois, lentement, sans courir, juste pour en sentir le poids, en éprouver la matière ; en comprendre toute la dimension symbolique. Ainsi, plusieurs fois, le bâton était allé de main en main. Dans un premier temps, dans une sorte d'indifférence, puis avec application, enfin dans un fou-rire communicatif lorsque Gerardo leur avait lancé, pour les mettre en face d'eux-mêmes, reprenant leurs surnoms respectifs :

– Banania passe le bâton à Frite, Frite à Couscous, Couscous à Shabbat.

– Vous n'avez pas le droit de nous appeler par nos surnoms, avaient-ils repris en chœur.

– Moi, c'est Spaghetti, avait répliqué Gerardo. Toute mon enfance on m'a appelé « Spaghetti », et ça continue...

A partir de ce jour, leur pacte avait été signé. Ils feraient face tous les quatre à la bêtise ambiante : celle de cette classe qui était plus que sceptique sur leur chance de réussir. Les plus durs de leur école ayant même parié, en secret, sur la possibilité d'un échec suite à un « sabotage » effectué par l'un des quatre protagonistes de l'aventure. Il allait bien s'en trouver au moins un pour faire tout capoter, pour oublier le bâton de relais en chemin, bouffer une ligne ou se casser la figure en plein milieu de la course... Cette alliance, cette entente, gage de rapports nouveaux, différents, positifs, visiblement, en gênait plus d'un...

L'équipe, tout de bleu vêtue, chaussures à pointes aux pieds, avait hérité du couloir n°1, à la corde. Le moins facile, avec le huitième placé tout à l'extérieur. A la corde, il fallait se pencher d'une certaine façon, épouser les virages sans se laisser freiner par eux, sans se prendre les pieds dans la petite bande de béton peinte en blanc qui bordait la piste. Mais Gerardo les avait rassurés :

– Au couloir n°1, vous avez toute la course en point de mire, vous savez exactement où vous en êtes, où en sont les autres. Et si vous débouchez en tête au dernier virage, juste avant le dernier relais, et si votre avance est suffisante, vous savez que vous pouvez gagner. Il vous suffit de bien doser votre effort...

Quelques secondes avant le départ, le stade fut soudain plongé dans un étrange silence. C'était la dernière épreuve de la journée, juste avant la remise des médailles. Et quand le coup de pistolet fit jaillir des starting-blocks les huit finalistes de la Coupe inter-collèges, Gerardo sentit en lui remonter tous les souvenirs de ses années portées par l'ivresse des courses quand le petit vent de face vient vous fouetter le visage, ou qu'une pluie fine vous rafraîchit les épaules, ou que le soleil tend devant vos yeux un immense écran blanc vers lequel vous vous jetez comme pour essayer d'aller voir ce qui peut bien se passer derrière.

Amadou jaillit tel un fauve. Gerardo avait bien eu raison de le placer en première position. Sa leçon, il l'avait retenue, au millimètre : « Bien démarrer. Mais surtout enchaîner, bien enchaîner. Si tu n'enchaînes pas, tu restes sur place et tu n'avances plus. » Lors du passage du premier relais, il était au coude à coude avec le concurrent courant dans le deuxième couloir. Gerardo vivait la course de l'intérieur. « Pourvu que Vladislav ne démarre pas trop vite et reste dans son couloir ! Voilà, tire le bras en arrière, encore, oui. Grandis-le. » Il leur avait bien dit, des centaines de fois : « Un bras en caoutchouc, pense à un bras en caoutchouc. » Vladislav observe la course de profil, puis au dernier moment se place de face. Piste devant lui. Ne regarde plus que celle-ci. La piste de couleur rouge. Et commence à avancer tandis qu'il entend les pas d'Amadou se rapprocher, et que dans le même temps le bras gauche de celui-ci se jette en avant, et vient placer, dans la main droite de Vladislav, le témoin, bien droit, ferme, sans hésiter, parallèle au sol. « Fonce, bordel, fonce ! » Gerardo s'est levé. Vladislav perd du terrain. La concurrence est rude. Lorsqu'il passe le troisième relais à Farid, Vladislav a perdu trois places. Il est désormais en quatrième position. Mais Gerardo l'avait prévu. Peu importe. Farid court vite, très vite. Il est aussi celui qui passe le témoin avec le plus de précision. Ce qui est essentiel pour le troisième relais effectué en plein virage. Farid a rattrapé une partie de son retard. Gerardo sait exactement ce qui se passe dans la tête du quatrième relayeur. C'était sa place. La plus prestigieuse, la plus difficile, celle sur laquelle reposent tous les espoirs de l'équipe. Un coup de reins, et vous la faites gagner. Un mauvais départ, et vous perdez tout. La place la plus médiatique, la plus visible. La plus glorieuse. Même si la course terminée c'est toute l'équipe ressoudée qui rit à sa victoire ou pleure à sa défaite. En 64 à Strasbourg, c'est à cet endroit précis du quatrième relais que Gerardo a tout perdu, sensation terrible qui explose dans la jambe, sensation atroce de devoir s'arrêter sur la piste de couleur rouge. Vous ne sentez plus rien de votre douleur. Vous ne voyez plus que le dos des autres concurrents qui s'envolent, qui s'éloignent, qui disparaissent alors que vous passez seul, en marchant, la ligne d'arrivée ; alors que tout s'écroule et que la pluie qui commence à tomber se mélange aux larmes que vous versez au beau milieu de la piste rouge – mais personne ne s'en aperçoit. Et cette tristesse, vous la trimbalez votre vie entière, avec cette question lancinante : « Et si je m'étais échauffé davantage ? Et si je ne m'étais pas crispé sur ce foutu témoin par peur de le perdre en route ? Et si j'avais gagné ce quatrième relais ? Et si j'avais fait partie de l'équipe de France du 4x100 mètres ? Et si j'avais été sélectionné pour les jeux Olympiques ? »

Gerardo se souvient, revit sa course avec en surimpression celle de Moshé qui a lui aussi entendu les pas de l'avant-dernier relayeur, et qui a tendu sa main droite dans laquelle est venu s'encastrer, exactement, le témoin placé avec une précision diabolique par Farid. Gerardo le sait, comme toute la classe maintenant debout dans les gradins et qui scande le nom de Moshé. Moshé est le plus rapide, Moshé qui dit en rigolant qu'il est une gazelle. Et qui prend de la vitesse, avec en point de mire la dernière ligne droite, la sienne. Celle du finisseur. Celle du vainqueur. Celle du dernier relayeur qu'il est, et qui doit couronner de succès la course préparée par les trois autres. A 30 mètres de l'arrivée, il a comblé son retard. A 20, il est légèrement en tête. A 10, il sait qu'il ne peut plus être battu, et s'il se jette sur le fil en un cassé qui lui fait gagner quelques centièmes de secondes, c'est pour terminer sa course sur un geste esthétique. La chute vertigineuse qu'il accomplit alors, et qui lui met à vif les genoux et les bras jusqu'au sang, est la plus belle de sa jeune vie, la plus exaltante. Moshé a volé, l'espace d'une course.

Déjà les trois autres sont là pour le relever, pour faire un tour de piste ensemble. Le tour de piste des vainqueurs. Banania, Frite, Couscous et Shabbat se tiennent par les épaules, se congratulent, s'embrassent. Ils ont gagné leur pari. Ils ont montré aux autres qu'ensemble tout était possible. Une nouvelle vie commence pour eux. Ils n'en ont pas totalement conscience, mais ce relais est un petit caillou qui, déposé à côté d'un autre petit caillou du même genre, finira bien par faire bouger les choses, dans ce pays qu'on nomme la France, leur pays. Et lorsqu'ils passent devant la tribune où se trouve la foule qui les applaudit, et parmi elle leurs copains de classe et Gerardo, il se met soudain à pleuvoir des cordes qui inondent le terrain, tant et si bien que personne ne sait si les larmes qui coulent sur les joues de Gerardo sont des larmes de pluie ou des larmes de bonheur. Gerardo comprend alors qu'il a rempli sa mission, et que sa course perdue, sur la cendrée de Strasbourg, était une course inachevée qui vient de se terminer aujourd'hui sur une victoire. Une course longue de quarante ans. La course de sa vie.

Interview de Richard Dacoury, basket

par Catherine Chauveau

Richard Dacoury est champion de basket. Il est né à Abidjan en Côte d'Ivoire en 1959.

Palmarès au CSP Limoges :
Coupe Korac : 1882/ 1983
Coupe des Coupes : 1988
Coupe de France : 1982, 1983, 1985, 1988, 1990, 1994
Champion de France : 1983, 1984, 1985, 1988, 1989, 1990, 1994
Champion d'Europe : 1993

Au Paris SG (actuel Paris BR) :
Champion de France : 1997

A titre individuel :
Record de points sur un match (44) : 1985
166 sélections par l'équipe de France entre 1981 et 1992

Qu'est-ce qui vous a fait choisir un sport d'équipe?

L'envie d'être toujours en contact avec d'autres. Et puis le besoin de m'amuser, de jouer. Comme j'adore l'eau depuis tout petit – aujourd'hui encore, un de mes plus grands plaisirs est de faire de la plongée sous-marine – j'ai choisi d'abord la natation puis le plongeon. Mais c'est d'un sérieux tout ça, et d'un répétitif! c'était trop pesant pour moi de se battre contre le chrono. Je voulais bouger, rigoler, toucher, bousculer. Alors j'ai fait du handball, du volley et puis du basket. Et là, ça a été le coup de foudre, j'avais trouvé mon sport. Et puis dans le club où j'ai débuté, il y avait des rapports très proches et chaleureux entre les « petits jeunes» et les joueurs plus âgés, des pseudo-professionnels (à l'époque, ce n'était pas un sport de professionnels).

Vous êtes resté très longtemps dans le même club, c'est un choix?

Disons que j'ai eu deux fois de la chance. A dix-huit ans, quand j'ai été recruté par le CSP Limoges, et à trente-deux ans, quand j'ai failli partir et qu'un nouveau coach, Malikovic, une pointure européenne, est arrivé à Limoges. Je commençais à m'ennuyer, j'étais sur le point de lâcher. Et puis ce coach m'a ouvert les yeux sur tout ce qu'il me restait à entreprendre pour devenir bien meilleur. Mon rôle dans le jeu évoluait, un peu moins attaquant, beaucoup plus défenseur, moins flashy, plus rigoureux. Pas facile à digérer au départ, mais les résultats ont balayé mes réticences : les titres s'accumulaient. On a été champions d'Europe dès la première année!

Qu'est-ce qui est important pour qu'une équipe gagne ?

C'est que chaque joueur accepte d'être au service de l'équipe, même s'il est une star. Quand on joue à très haut niveau, quasi chacun des coéquipiers est une star. Alors, si chaque star veut avoir l'équipe à son service, c'est la foire assurée. Le bon plan, c'est de se dire que la star, c'est l'équipe, c'est tous ensemble. Comme ça, chacun peut garder son ego gonflé à bloc. Et ça paye ! c'est ça qui fait la différence de match en match et qui rend l'équipe imbattable.

C'est le coach qui mène à ça ?

Ce qui fait la force d'une l'équipe, c'est que chacun ait une mission, un rôle, et qu'il sente bien dedans. Ça marche si le coach a fait les bons choix et si le capitaine valorise chaque rôle. Quand on joue, on laisse de côté beaucoup de choses. Et on apprend à connaître les autres sous un autre angle. On voit dans chacun de ses coéquipiers la tâche très précise qu'il a à remplir pendant le match et on se concentre sur les capacités qu'on lui connaît. Chaque groupe construit son propre mode de communication fait de regards, de cris, de mots, de gestes, de contacts… Du coup, les rapports sont très intenses, même si on ne voudrait peut-être d'aucun d'eux comme ami ! Par contre, on sait qu'on peut compter sur eux pendant le match, que la baisse de forme momentanée de l'un ne mettra pas la victoire en péril, car elle sera compensée par les performances des autres.

Comme ça, la bonne ambiance règne entre les joueurs ?

Une équipe, c'est pas une bande de potes. On ne s'est pas forcément choisis. Mais on a tous au moins trois choses en commun, trois choses qu'on partage : le plaisir de jouer, l'objectif de bien faire son match et les mêmes règles. Le reste n'a rien à faire là. Quand on est bien conscient de ça, on devient plus fort, dans son jeu, et dans sa tête.

On se forge un moral en acier pour toute la vie ?
C'est bien plus dur d'être performant dans la vie de tous les jours que sur le terrain ! Quand j'ai cessé la compétition, je me suis rendu compte que je n'avais pas le mode d'emploi des autres choses. Un sportif professionnel est assisté en permanence : on vous entoure, on vous prend vos rendez-vous, on organise vos journées... ça peut sembler un rêve, mais quand ça s'arrête on se dit plutôt que c'était un piège. Je me suis rendu compte que je n'étais pas autant préparé à affronter la vraie vie que je l'imaginais. Et puis dans le sport, il y a ce stress, cette pression, cette reconnaissance, que je savais gérer et qui me faisait avancer toujours plus. C'est agréable de s'entendre dire « t'es le meilleur ». Aujourd'hui, dans la vraie vie, cette image d'excellence n'est pas toujours facile à porter. L'échec ne m'est pas vraiment permis. Alors maintenant, il faut que je me débarrasse de tous ces superlatifs qui m'ont porté, c'est vrai, mais qui sont tellement encombrants, finalement.

Mes exploits

de Marie Darieusseq

Une seule fois dans ma vie j'ai joué au rugby. J'étais étudiante, j'avais vingt ans et je savais encore mal dire non. Il manquait une joueuse à l'équipe féminine. J'étais du Sud-Ouest, garantie suffisante : on me désigna. Je n'eus pas le temps de m'entraîner que me voilà déjà dans un match, contre Fontenay-aux-Roses, je m'en souviens. Je courus, en essayant d'éviter autant que possible les chocs, c'est-à-dire la proximité du ballon. J'étais terrorisée. Je me faisais une idée assez floue de mon poste : on m'avait mise ailier droit (faut-il dire ailière ?), je cavalais donc consciencieusement sur la droite du terrain, d'avant en arrière, en suivant d'aussi loin que possible le mouvement de mes compagnes. J'avais compris avec soulagement que les mêlées m'étaient épargnées et qu'on n'attendait rien de moi à la touche. Je me fis copieusement engueuler pour avoir manqué toutes les occasions d'essai, mais je m'en sortis sans un bleu : 30 à 0.

Peur, confusion, fatigue et longueur de temps, l'expérience me rappela ma seule tentative en surf. Comme dans ce match de cauchemar, je n'eus pas le temps, sur ma planche, de me demander ce que je faisais là : il fallait ramer. J'essayais d'éviter les vagues et je m'épuisais, je ne comprenais rien à leur mouvement. Sur ce terrain de rugby, même histoire : le ballon m'arrivait dessus comme un paquet de mer, les masses furieuses de Fontenay-aux-Roses voulaient s'abattre sur moi et je m'échappais aussi vite que possible : fin de mes brèves carrières de surfeuse et de rugbywoman.

Le rugby et le surf sont pourtant, je l'affirme, les deux plus beaux sports du monde. Mais je les aime en spectatrice, en bikini sur la plage ou installée dans des tribunes. En surf comme en rugby les hommes sont beaux. Les surfeurs l'ont toujours été ; les rugbymen le sont devenus. Il y a encore vingt ans, même en équipe de France, leur silhouette était souvent lourde ; aujourd'hui ce sont des athlètes. On ne voit plus ces grands garçons gauches, qui semblaient n'être venus au rugby que pour prouver leur virilité. Même les maillots moulants sont devenus sexy — bien que le sujet fasse débat parmi mes copines. Les gars (qui entre-temps sont devenus professionnels) ont pris de l'assurance.

Devant les caméras, il y a certes encore des mouvements timides, des hésitations dans les propos. L'accent rocailleux est mis en avant comme s'il protégeait de la sentimentalité ; la hantise, en bref, est de passer pour une femmelette. Il y a pourtant de belles équipes féminines, en rugby. Mais dans l'ensemble, c'est comme si l'esprit du jeu avait fini par gagner les corps, en profondeur : les joueurs ont pris une élégance qui n'était pas si répandue il y a quelques années. On voit désormais beaucoup de playboys parmi les rugbymen : Elissalde, Brusque, Pelous... Là encore, le débat est ouvert, mais je vous épargnerai mes troisièmes mi-temps entre copines, quand la télé est éteinte et la théière vide, dans les miettes de petits gâteaux, à comparer tous ces beaux gars.

Ticket magique pour le Maracana

de Jean-Paul Delfino

Cinq heures de l'après-midi. Stade du Maracana, le temple du football. Stade du Maracana, le jour du match le plus fou et le plus attendu de l'année : Fla-Flu, Flamengo contre Fluminense, Rio contre Rio. Toute la ville est là, trempée de sueur, éclatante de passion. Le Maracana, le plus grand stade du monde, apparaît aux yeux de Balduino à la mesure de sa renommée. Lui, le petit Mineiro arrivé l'avant-veille dans les flancs d'un bus poussiéreux, il se plante devant le monument, la grande conque de béton gris et, les yeux dans le soleil, il sourit. Oui, ce stade est énorme, terrifiant, avec ses tribunes qui semblent naître des tripes de l'enfer et qui montent, majestueuses, jusqu'aux portes du paradis. Il est comme il l'a rêvé des milliers de fois, lorsqu'il poussait un mauvais ballon sur les terrains vagues de Belo Horizonte.

Balduino, Vittorio de son nom. Quatorze ans. Mauvais élève, mauvais garçon, mauvaise vie. Sans doute parce qu'il est né au mauvais endroit, au mauvais moment, avec la mauvaise famille, qu'il a croisé les mauvaises personnes. Jusque-là, rien n'a voulu lui sourire. Mais jusque-là, seulement. Car il a joué. Et il a gagné. Un jeu publicitaire idiot où il fallait gratter des palmiers sur un ticket, et c'est lui qui a emporté le deuxième lot : assister, à Rio de Janeiro, dans l'enceinte du Maracana, au Fla-Flu de l'année... Et c'est sans l'ombre d'un doute que Balduino, au moment de pénétrer dans le coquillage bleu, sourit de toutes ses dents, blanches dans sa bouille métisse.

Imaginez-vous deux cent mille personnes, les rouge et noir du Flamengo, à l'est, et les vert et blanc du Fluminense, à l'ouest, qui hurlent dans la canicule. Imaginez-vous ce spectacle qui vous saisit, vous prend à la gorge, allume des frissons dans tout votre corps et vous fait, malgré vous, sauter sur place dans les coups profonds et graves des *surdos*. Dès les grilles ouvertes, aspiré par la marée humaine, Balduino se laisse emporter par les supporters du Flamengo. En quelques crochets, il sème son accompagnatrice, une grande bringue sans intérêt. Ce match, il n'est que pour lui, il est pour Balduino, et il veut le dévorer tout seul, en égoïste, ne rien rater du spectacle. Debout, sur les travées de béton, Balduino sent maintenant les *batucadas* qui commencent à enflammer le stade. Les percussions roulent vite et claquent en syllabes courtes. Comme pour l'océan, la septième vague est la plus puissante et, à sa suite, les supporters du Flamengo hurlent :

– *Urubu! Vai tomar no cu!*

Pas très poli, diront les pisse-froid. Mais ici, à Rio de Janeiro, les mots ne sont jamais que de la musique.

Puis, ce n'était qu'une entrée en matière, et les rouge et noir se sourient entre eux, en parfaite fraternité. Pour la première fois, Balduino sent alors qu'il fait partie d'une même, seule et unique famille, celle des amoureux du Flamengo. Cela ne durera que quatre-vingt-dix minutes. Et alors ? La bonne affaire ! Savoir que l'on n'est plus seul, pendant une heure et demi et sans compter la mi-temps, c'est toujours ça de pris quand on a passé quatorze ans sans savoir qui l'on est.

Dans la même euphorie, la *batucada* remet ça et, les yeux écarquillés sur l'immensité du stade, Balduino reprend le chant :

– *Cadé o campeao ? Esse time é um cagalhao !*

Vulgaire ? Si l'on veut. En tout cas, ici, pas de salut nazi ni fasciste, pas de cris de singe non plus, lorsqu'un joueur à la peau noire réceptionne la balle. Mais, avant de pouvoir rire de cette nouvelle flèche, le Fluminense, de l'autre côté du stade, envoie à son tour claquer à ses oreilles des mots qui font mal :

– *De Ipanema a Realengo, filho da puta é quem torce pra Flamengo !*

Le Flu... Dans les années 1920, ce club de Rio, très chic et un peu snob, n'acceptait pas les joueurs de couleur. Pour jouer au Flu, les Nègres devaient se passer sur le visage de la poudre de riz. Et c'est pour ça qu'est né le Flamengo, le club ouvrier, prolétaire, le club du peuple. Immédiatement, les batucadas des rouge et noir répliquent :

– *1 ! 2 ! 3 ! 4 ! 5 ! 1 000 ! Queiro que o Flu vai na puta que pariu !*

Balduino regarde autour de lui. Hommes, femmes, enfants, vieillards, noirs, jaunes, rouges, blancs,

riches, pauvres, tous obéissent aux injonctions des *batucadas*, le poing levé pour scander les phrases, l'oreille collée au poste de radio. A la fin de chaque cri, on engloutit une gorgée de bière, on éponge son front et, à l'affût, comme pour le surf, on attend la vague suivante qui vous soulèvera jusqu'aux nues.
— *Eu! Eu! Eu! O Flamengo se podeu!*

Sur le toit du Maracana, au-dessus de la marée verte du Fluminense, Balduino aperçoit la silhouette d'un policier en uniforme. Il se découpe dans le ciel bleu, pistolet-mitrailleur au poing, et il marche à pas comptés, les mains comme nouées derrière son dos. C'est un tout petit policier qui a des allures de grand homme, en équilibre sur les bords du cratère bouillonnant.
— *Sorria! Sorria! E tempo de sorrir! Soria pra Xuxu, o campeao é o Flu! O resto vai tomar no cu!*

Là, le petit policier qui n'est pas un si grand homme, mais un fervent supporter du Flu, se met au garde-à-vous, menton planté dans le soleil.
— *Nense! Nense! Nense!*

Quand la vague finit de claquer, il reprend sa marche, toujours à pas comptés.

Les footballeurs se font attendre. Balduino se dit qu'il pourrait rester là toute sa vie, à espérer la venue des Ronaldinho et autres Roberto Carlos ou Adriano, demeurer sur cette travée jusqu'à la fin des temps. Ici, il est chez lui et il reçoit dans son ventre toutes les trépidations et les énergies de ces femmes et de ces hommes qui représentent sa nouvelle famille. Et, alors qu'il commence à s'imaginer qu'il pourrait très bien ne plus jamais retourner à Belo Horizonte, qu'il pourrait rester ici, indéfiniment, des hurlements électrisés font à nouveau vibrer les tribunes. Le Carreca vient de faire son entrée. A mi-chemin entre un paillasse de la commedia dell'arte et un Bouddah pour touristes, le Carreca est la mascotte du Fluminense. Lui, c'est un homme d'une cinquantaine d'années, enveloppé de larges voiles blancs et qui hurle « Flu ! Flu ! Flu ! », sans jamais s'arrêter de courir sur la pelouse. Gros, gras, bedonnant, le crâne rasé, il jette de pleines poignées de farine tout autour du terrain, des volutes que semblent porter dans l'air les trépidations des *surdos* vert et blanc. Après son tour de piste, le ventre plein de voiles du Carreca s'immobilise devant les buts qu'il baptise, l'un après l'autre, à pleine farine, tout en couinant des imprécations qui se perdent sous les arches bétonnées du Maracana.

– *Mengo ! Mengo ! Mengo !*

Pour Balduino, ce stade résume à lui seul toute sa vie. Comme par un fait exprès, l'ensemble des spectateurs se lève soudain. Là, dans le ciel, une colombe vient d'être lâchée. Affolée, trop bête ou trop peureuse pour s'échapper de l'arène, elle vole en rond, à tire d'ailes. De loin, on dirait que la foule prie, les bras au ciel, pour que la colombe aide leur équipe. De près, on se rend bien compte que les spectateurs lancent des bouteilles de bière vides. Si un supporter du Flamengo la tue en plein vol, le Fluminense perdra. Et inversement. C'est ce qu'on raconte, en tout cas, car personne n'a jamais réussi à atteindre la colombe depuis que le Maracana est debout.

– *Urubu! Vai tomar no cu!*

Balduino s'était attendu à un vrai match. Une rencontre avec de la finesse, de l'humour dans les ailes-de-pigeon et de la classe dans les bicyclettes. Un match avec des reprises de volée, des têtes plongeantes, des grands et des petits ponts, des passements de jambes, des coups du sombrero et des râteaux qui font mourir de rire et de plaisir les spectateurs chauffés à blanc. Il n'y eut qu'un but. Et encore, sur un penalty même pas franc. Quand l'arbitre siffle la fin de la rencontre, les travées se vident, lentement. Et Balduino sait qu'il va devoir retrouver l'autre grande asperge, le bus cahotant sur les mauvaises routes, le Minas Gerais, son quartier pouilleux de Belo Horizonte. Et pourtant, il ne parvient pas à être triste. Juste une douce *saudade*, à peine amère, qui lui laisse à l'âme un plaisir sourd.

Avant ce match, il avait l'impression de vivre dans un paysage en noir et blanc. Maintenant que le stade s'est vidé, il reste à Balduino des couleurs vives qui éclatent en feux d'artifice. Rouge, noir, blanc, vert, jaune du soleil et bleu du ciel. Ces couleurs, il les a faites siennes et elles l'accompagneront tant qu'il ne sera pas revenu, un jour, bientôt peut-être, dans les entrailles grouillantes du stade du Maracana. En attendant, il sucera ce match infiniment comme il suce les bâtons de réglisse, jusqu'à ce que la saveur disparaisse et qu'il ne lui reste, sur la langue, que le goût du bois...

Coups de Zizou

de Philippe Delerm

On peut appeler ça comme on veut. Des râteaux, des coups du sombrero, des passements de jambe, des talonnades, des virgules, des contrôles orientés. Il faudrait inventer d'autres noms, des enroulements, des encorbellements, des trompe-l'œil, et peu à peu glisser vers le vocabulaire de la magie : car tous ces grigris de Zizou ont pour essence et pour but la mystification. De l'adversaire évidemment, mais aussi du public, et parfois même des partenaires, déroutés par un nouveau sortilège.

Pour s'en convaincre, il suffit de regarder sur une cassette ses gestes au ralenti. Mais on peut aussi s'allonger sur une plage, et observer les ados d'aujourd'hui : on ne jongle plus désormais avec un ballon comme on le faisait avant Zidane. Il faut certes une sacrée technique pour reproduire proprement un de ces tours de passe-passe. Mais au-delà de la réussite absolue, on voit que la recherche va dans ce sens, dans ces effleurements de la balle avec la plante du pied, dans ces déroulements caressants. Cela ressemble à du brésilien de la grande époque, mais c'est autre chose. Une langue nouvelle.

Combien de joueurs laissent-ils ainsi une trace non seulement dans les mémoires, mais aussi dans les gestes ? Bien sûr, Pelé, Maradona ou Platini ont eu leurs coups de génie, liés à des séquences de jeu qu'on rediffuse à l'envi. Mais pour Zidane, c'est différent. Il a laissé l'exploit, mais aussi un mode d'emploi, une possibilité de s'inspirer de lui pour essayer de reproduire. Son tutoiement avec la balle peut se détacher syllabe par syllabe, comme un manuel de lecture du cours préparatoire, quand on a renoncé à la méthode globale. Des coups de maître.

Interview de Stéphane Diagana, athlétisme

par Catherine Chauveau

Stéphane Diagana est né en 1969 en Aveyron (France)

Palmarès :
Champion de France 400 m en salle : 1988
Champion de France 400 m haies : 1990
Champion de France 400 m : 1992, 1993, 1994, 1995, 1997, 2001

Premier à la Coupe d'Europe des nations d'athlétisme 400 m haies : 1993
Champion d'Europe 400m haies : 2002

Champion du monde 400m haies : 1997
Médaille d'or des Championnats du monde d'athlétisme 4x400 m : 2003
Recordman de France 4x400 m : 30' 00" 09 en 1993, 2' 58" 96 en 2003
Recordman d'Europe 400 m haies : 47" 37 en 1995
Membre du comité des sportifs de l'Agence mondiale antidopage.

Comment devient-on un champion ?
C'est ce que me demandent toujours les jeunes que je rencontre. Et je leur réponds toujours « Est-ce que tu es heureux de courir quand il pleut, quand il fait froid, quand les autres font la grasse matinée, quand les copains sont partis en week-end sans toi ? » Pour être champion, y a qu'un secret, il faut vraiment aimer ce qu'on fait.

Il ne faut pas souffrir pour être le meilleur ?
Au contraire ! Pour être le meilleur, il faut avoir du plaisir ! Se sacrifier, c'est sûr, ça fait de vous un héros. Mais est-ce comme ça qu'on est le meilleur ? Je ne le crois pas. La souffrance est là dans le sport, c'est un fait. La souffrance physique n'est pas la pire. Le corps s'habitue. Et puis on trouve comment bien s'occuper de soi pour que son physique suive. La souffrance psychologique est plus terrible. On ne s'en sort que quand on acquiert la faculté de supporter aussi bien la victoire que la défaite. Et c'est pour ça que la motivation la plus efficace, c'est le plaisir.

Être doué, c'est ça qui fait la différence ?
Ça ne suffit pas. Entre dix et treize ans, j'étais plutôt bon par rapport aux autres. Après, jusqu'à mes dix-huit ans, je l'étais un peu moins. Et puis ça a changé ! Ma chance, ça a sans doute été mon plaisir et ma persévérance. Et aussi, le fait que ça ne me traumatisait pas de perdre une course. J'avais la conscience de vivre une aventure avec la curiosité de savoir où cela me mènerait. A l'INSEP (Institut national du sport et de l'éducation physique), on a une

dizaine d'entraînements par semaine. On est constamment confronté à ses capacités. On mesure toute l'importance du travail qu'on fait, quel que soit son talent. Et parfois, c'est très très long avant de constater qu'on fait des progrès.

Qu'est-ce qui aide à faire des progrès ?
Si toutes les contraintes sont vécues comme des souffrances, des regrets, on peut avoir de bons résultats, ponctuellement, mais dès qu'on rate, ou si on n'a pas la patience d'attendre de progresser, on plonge, on déprime.

Le sport, c'est le bon moyen de s'en sortir ?
Le sport offre une formidable liberté, celle de réussir quels que soient son milieu social et ses origines. Le fils de Carl Lewis aura bien sûr un meilleur entraîneur que le fils de monsieur Toutlemonde ; il aura les meilleures conditions d'entraînement qui soient. Mais cela ne fera pas de lui le meilleur ! Dans le sport, tout ce qu'on obtient, on ne le doit qu'à soi. Les barrières contre lesquelles on se heurte ne sont pas celles de la société. Ce qui peut nous empêcher d'avancer, ce ne sont que nos propres limites, celles de nos gènes et celles de notre volonté. Et elles aussi sont difficiles à dépasser !

Le sport serait plein de valeurs positives ?
Le sport, c'est comme une paire de ciseaux, ni bon ni mauvais ; ça dépend de ce qu'on en fait. Une paire de ciseaux, on peut la planter dans le dos de quelqu'un ou on peut juste couper un fil avec ou bien

découper de quoi faire une œuvre d'art. Le sport, c'est pareil.

On reste un champion toute sa vie ?
Avoir gagné, remporté des victoires grâce à ses vraies qualités, ça donne un regard formidable sur sa vie passée. Mais quand on arrête la compétition, on a des doutes : « Vais-je trouver autant de plaisir à d'autres activités ? Vais-je pouvoir être aussi bon dans la vie ? » Un parcours sportif, c'est un projet sur le long terme. Et s'il est réussi, cela vous donne une force extraordinaire : la capacité de se projeter avec confiance et avec plaisir dans sa vie future.

Jacqueline Duhême

Jeunesse et Sport
de 1936 à 2006...

1947 Devant le Régina à Cimiez
aide d'atelier chez Henri Matisse à Nice
Je frime avec une raquette de tennis
Mais j'ai jamais su taper sur une balle...

Chers jeunes sportifs
Vous, qui avez la chance de pratiquer tous les sports. Allez-y et nous les vieux du papy Boom on se régale en regardant à la Télé vos superbes prouesses

 Merci

Le match retour

de Eugène Ébodé

Il régnait une sale ambiance au lycée Alexandre-Dumas de Saint-Germain-en-Laye depuis le jour où un ancien élève avait brûlé la voiture d'un prof. Il avait laissé une lettre rédigée dans un style titeufien : « Une caisse de merde qui flambe, c'est que dalle. Un bahut de merde qui va flamber et ce sera une libération pour les keums ! Ça rigole po pour moa. J'y vois po pourquoi ça rigolerait pour vous. Signé Raxfu. »

On se mit à redouter que Raxfu ne mît sa menace à exécution. Des vigiles avaient donc été recrutés pour assurer la surveillance du parking du lycée le jour et l'ensemble des bâtiments de l'établissement la nuit. Entre les profs et les élèves, il y avait de l'électricité dans l'air. Les profs n'osaient vraiment plus morigéner les élèves perturbateurs qui, tous ne jurant plus que par Raxfu, inondaient le lycée de lettres farfelues.

C'est alors que Mme Mouaha Céline, professeure en climatologie des banlieues chaudes et des cités insensibles, lança :

– Organisons un match de football entre les profs et les élèves du lycée.

– Sympa ! s'écrièrent plusieurs voix.

Le sujet fut bientôt sur toutes les lèvres.

On ne sait qui alerta Raxfu, toujours est-il qu'une lettre, dont l'écriture fut authentifiée comme étant bien celle de l'incendiaire, circula dans l'établissement. Il avait écrit : « Les keums, c'est foutage de gueule ! Vous n'allez quand même po jouer contre des Obélix ! »

Nous avions bien compris qu'il se moquait là de nos ventres bedonnants. Les garçons déclinèrent notre invitation. Un groupe de jeunes sympathisants de Raxfu avait écrit sur le grand tableau noir de toutes les salles de classe : « On ne jouera po contre des keums qui ont l'air de meufs. On n'a po envie de provoquer des arrêts cardiaques sur le terrain. »

L'idée du match semblait en passe d'être enterrée lorsque quelqu'un, je ne sais plus qui, nous suggéra de jouer contre les lycéennes.

– N'importe quoi ! grinça Vialatte, le flasque professeur de sciences dures qui n'avait pas son pareil pour casser une initiative. Raxfu et les siens nous déverseront des tombereaux de quolibets, conclut-il.

– Allons, allons, un match entre les filles et nous pourrait être intéressant, lança Jean-Paul, l'enthousiaste et filiforme prof de rap et de tchatche urbaine. Nous pouvons même retourner la situation en notre faveur, poursuivit-il énigmatique en lissant sa moustache.

D'autres avis s'exprimèrent et la proposition d'une telle rencontre inédite, au lieu de susciter les réticences, fut accueillie avec bienveillance par la majorité des enseignants.

Un match de foot entre les filles et les profs, cela ne s'était jamais vu! Nous autres enseignants savions que l'établissement comptait de nombreux supporters et supportrices de l'équipe de France. Nous étions cependant loin d'imaginer qu'un grand nombre de jeunes et talentueuses lycéennes étaient licenciées et participaient aux compétitions régionales et nationales de football. Elles avaient été piquées par le moustique du football après les victoires de l'équipe nationale à la Coupe du monde de 1998 et au Championnat des nations en 2000 aux Pays-Bas. Une donnée que nous n'avions pas à l'esprit changea la situation. Les filles eurent envie de se démarquer de l'attitude des garçons. L'idée de défier les adultes mâles les emballa aussi et des réunions d'organisation eurent rapidement lieu. Elles furent encouragées par la dynamique et atypique proviseure, Denise Pfeiffer.

Nous étions en décembre. La fin de l'année approchait. Il fut décidé que le match se déroulerait dans le gymnase du collège, car en cette période de l'année, nous redoutions que l'état des terrains et les aléas climatiques ne nous permettent pas d'évoluer dans les meilleures conditions. L'autre décision qui fit un peu grincer des dents fut celle-ci: le match allait se tenir durant les vacances scolaires et les parents seraient autorisés à y assister. La proviseure accepta donc d'ouvrir les portes de l'établissement durant la période de vacances et nous fûmes surpris par l'engouement qui gagna les élèves, ravis d'assister à cette rencontre insolite entre l'équipe enseignante mâle et les lycéennes.

Le match fut fixé le dernier vendredi de l'année 2000. Il tombait le 29 décembre. Comme c'était le jour de la Saint-David, je crois bien que c'est l'ami Jean-Paul qui résuma le choc qui était sur toutes les lèvres :

– Ce sera David contre Goliath.

Naturellement, pour lui, les professeurs représentaient Goliath et les petites lycéennes seraient écrabouillées. Comme il faut se méfier des références, surtout lorsqu'elles sont bibliques !

– Non, rétorquèrent les élèves, ça sera le match du siècle ! Et David va terrasser Goliath !

Un mot grinçant de Raxfu nous parvint bien le lendemain :

« Le match Obélix contre Astérix finira comme le Titanix. » On ignora le propos. L'appellation de « match du siècle » fut adoptée et les murs du lycée recouverts, pendant les deux dernières semaines de décembre, d'affiches sur ce sommet footballistique.

Les dispositions suivantes furent rapidement établies et illico acceptées par les capitaines des deux camps, à savoir la ravissante Rachida Belissa pour les lycéennes et Jean-Paul pour les profs :

• La règle du hors-jeu ne serait pas appliquée.

• Le match comprendrait deux mi-temps de vingt minutes chacune.

• Chaque équipe serait composée de sept joueurs sur le terrain et d'autant de remplaçants, qui pourraient entrer sur le terrain sans limite d'apparition, pourvu qu'on respectât l'interdit du surnombre.

• Un joueur expulsé était directement renvoyé dans les vestiaires.

• Les plaquages étaient sanctionnés par une

expulsion. Le football n'était quand même pas le rugby ou le catch !

Un ancien joueur du PSG et ancien international des Lions Indomptables, résidant dans les Yvelines, Patrick M'boma, accepta de diriger les entraînements des filles. Jean-Paul animait les nôtres et je le secondais pour ce qui concernait l'élaboration de la tactique. Sur ce point, nous commençâmes par nous chamailler car nous étions divisés en deux tendances. La première, celle qui seyait davantage à mon tempérament, était le pressing immédiat afin de mettre la pression sur le porteur de ballon et le conduire à la faute. Jean-Paul estimait qu'au regard de notre déficit d'entraînement physique, il lui paraissait risqué de nous jeter à l'abordage au risque d'être rapidement asphyxiés.

– Notre condition physique n'est pas assez solide pour une telle tactique. Je préconise le jeu en contre. Cela demande de la patience. J'imagine que les filles vont s'enflammer, se jeter à l'abordage et nous n'aurons qu'à placer des banderilles, des contres d'autant plus meurtriers que nous les prendrons de vitesse.

Nous devions donc attendre l'adversaire dans notre camp. Cet attentisme me paraissait dangereux sur un petit terrain tant il livrerait nos buts à un état de siège permanent.

– Et pour peu que des maladresses soient commises, nous risquons même de marquer des buts contre notre propre camp.

– Ebodé, ton argument est bien reçu. Mais comme nous sommes divisés, je propose de passer au vote pour choisir notre tactique ! trancha le capitaine.

Il y eut égalité !
– La voix du doyen l'emporte. Qui est le plus âgé ? s'enquit l'un de nos partenaires.

On se regarda, interdits. Personne ne voulait décliner son âge parmi ceux qui portaient une barbe grise et qui se frisaient les moustaches. Finalement une voix s'écria :
– Le capitaine n'a qu'à prendre ses responsabilités !

Avant même que j'aie ouvert la bouche pour protester, Jean-Paul fit adopter son orientation tactique :
– On jouera avec deux attaquants de pointe et cinq défenseurs. Voilà notre schéma de jeu !

Mon idée de pratiquer le système du « rouleau compresseur » était rejetée.

Nos entraînements se passèrent sans grandes difficultés et nos seules inquiétudes portèrent sur trois ou quatre collègues dont les épouses tenaient à quitter la région parisienne et passer des fêtes de fin d'année en province. La proviseure leur adressa une lettre où il fut question, comme argument pour vaincre les résistances des épouses, que la participation des conjoints au match du siècle pourrait leur valoir les palmes académiques. Elles nagèrent dans le bonheur sans l'ombre du moindre « Titanix » !

Le jour du match, le gymnase du lycée était noir de monde. Les lycéens étaient présents et, chose curieuse, les garçons qui avaient repoussé la proposition de disputer le match contre nous s'étaient déplacés en masse. Je constatai que si l'équipe des filles était au complet, il nous manquait quelques bons joueurs. L'un avait une fête familiale, un autre un empêchement de dernière minute, un troisième avait belle-maman alitée. Nous étions en rouge et les filles en jaune. Elles étincelaient comme des tournesols en juillet. Les filles riaient en découvrant leurs professeurs en short. La bedaine de certains d'entre nous dansait et produisait des glou-glou-glou lors de nos courses d'échauffement. Puis l'arbitre siffla le début de la partie sous les hurlements du public.

Le match venait à peine de commencer que, sur la première attaque des filles, Dagobert, notre pauvre « Roi », comme nous l'appelions, en voulant dégager le ballon, l'expédia au fond de mes filets ! Je lançai un coup d'œil courroucé à notre capitaine. Il courba un peu les épaules, mais réconforta l'infortuné et essaya de galvaniser nos équipiers. La plupart tiraient déjà la langue. Le public acclamait bruyamment les filles, les poussait telle une huitième joueuse dont la ferveur nous sapait le moral. En outre, nous découvrîmes avec surprise puis abattement que nos adversaires étaient véloces, techniques, adroites et se jouaient de nous comme si nous étions des pantins. Après l'ouverture du score, le public n'eut même pas besoin de crier « Et deux et trois ! » que nous encaissions deux buts stupides dont un tir dévié qui me passa entre les jambes. La honte totale !

En seconde mi-temps, toute tactique disparut et nous dûmes jouer au sauve-qui-peut, dégageant le ballon comme s'il nous brûlait les pieds, commettant des fautes parce que dépassés par la vitesse d'exécution des jeunes filles. Nous étions ballottés, éreintés, assommés. Un penalty généreux nous permit de sauver l'honneur, mais il ne nous consola pas des deux buts supplémentaires que les filles plantèrent dans nos filets comme des capes superflues à une déroute entendue. Pire, Dagobert, confondant le rugby et le football, plaqua au sol la pimpante et insaisissable Rachida. Il fut expulsé par l'arbitre et il fila dans les vestiaires sous les huées. Il nous quitta en adressant un clin d'œil complice à notre capitaine.

Nous avions bel et bien sombré et j'étais vexé du comportement général de l'équipe qui n'avait pas joué à son vrai niveau.

– On se détend, me glissa Jean-Paul.

Il m'avoua alors avoir demandé à Dagobert et au reste de l'équipe de lever le pied.

– Regarde les garçons exulter dans les tribunes. Je suis sûr que si nous les rencontrons, on leur mettra la pâtée.

Ils hurlaient à tue-tête le nom de Belissa, la meilleure joueuse du match. Les garçons étaient en effet ravis d'avoir assisté à la débâcle des profs mais, surtout, à un moment de joie partagée.

Puis la proviseure prit le micro. Elle salua la performance des filles, félicita leur coach présent dans le gymnase, congratula les profs (que les garçons sifflèrent) pour leur fair-play. Elle remercia le public (qui fut obligé d'applaudir la maligne proviseure) et distribua des compliments à tous ceux qui avaient coopéré à l'organisation de ce match, notamment l'inspection académique. Se tournant enfin vers les garçons, elle demanda :

– Accepterez-vous de disputer à votre tour un match contre les enseignants ?

– Oui, oui ! On les niquera !

– Comment ?
– Pardon, madame la proviseure, on gagnera !
– Alors, il aura lieu avant les vacances de Pâques ! Bonne année à tous !
– Bonne année ! reprit le chœur enfin unanime du lycée.

Raxfu surprit son monde à la rentrée par ce mot : « Bravo, les meufs ! Total respect ! »

Mais les garçons perdirent le match contre l'équipe type des profs. Raxfu eut ce commentaire : « Quand les keums deviennent des poules faut bien dire que kèke chose est grippé dans la machine du monde. Ciao ! »

Le lycée Alexandre-Dumas retrouva sa sérénité et on ne parla plus que du match retour.

Interview de Laurence Fischer, karaté

par Catherine Chauveau

Laurence Fischer est championne de karaté. Elle est née en 1973 en Haute-Garonne (31).

Palmarès :
Championne de France : tous les ans de 1995 à 2005
Championne d'Europe : 1999, 2000, 2001, 2004
Championne du monde en individuel : 1998
Championne du monde en équipe : 2000

Qu'est-ce qui vous a fait choisir un sport d'équipe ?
L'envie d'être toujours en contact avec d'autres. Et puis le besoin de m'amuser, de jouer. Comme j'adore l'eau depuis tout petit – aujourd'hui encore, un de mes plus grands plaisirs est de faire de la plongée sous-marine – j'ai choisi d'abord la natation puis le plongeon. Mais c'est d'un sérieux tout ça, et d'un répétitif ! c'était trop pesant pour moi de se battre contre le chrono. Je voulais bouger, rigoler, toucher,

bousculer. Alors j'ai fait du handball, du volley et puis du basket. Et là, ça a été le coup de foudre, j'avais trouvé mon sport. Et puis dans le club où j'ai débuté, il y avait des rapports très proches et chaleureux entre les « petits jeunes» et les joueurs plus âgés, des pseudo-professionnels (à l'époque, ce n'était pas un sport de professionnels).

Vous êtes resté très longtemps dans le même club, c'est un choix?

Disons que j'ai eu deux fois de la chance. A dix-huit ans, quand j'ai été recruté par le CSP Limoges, et à trente-deux ans, quand j'ai failli partir et qu'un nouveau coach, Malikovic, une pointure européenne, est arrivé à Limoges. Je commençais à m'ennuyer, j'étais sur le point de lâcher. Et puis ce coach m'a ouvert les yeux sur tout ce qu'il me restait à entreprendre pour devenir bien meilleur. Mon rôle dans le jeu évoluait, un peu moins attaquant, beaucoup plus défenseur, moins flashy, plus rigoureux. Pas facile à digérer au départ, mais les résultats ont balayé mes réticences : les titres s'accumulaient. On a été champions d'Europe dès la première année !

Qu'est-ce qui est important pour qu'une équipe gagne ?

C'est que chaque joueur accepte d'être au service de l'équipe, même s'il est une star. Quand on joue à très haut niveau, quasi chacun des coéquipiers est une star. Alors, si chaque star veut avoir l'équipe à son service, c'est la foire assurée. Le bon plan, c'est de se dire que la star, c'est l'équipe, c'est tous ensemble. Comme ça, chacun peut garder son ego gonflé à bloc. Et ça paye ! c'est ça qui fait la différence de match en match et qui rend l'équipe imbattable.

C'est le coach qui mène à ça ?

Ce qui fait la force d'une l'équipe, c'est que chacun ait une mission, un rôle, et qu'il sente bien dedans. Ça marche si le coach a fait les bons choix et si le capitaine valorise chaque rôle. Quand on joue, on laisse de côté beaucoup de choses. Et on apprend à connaître les autres sous un autre angle. On voit dans chacun de ses coéquipiers la tâche très précise qu'il a à remplir pendant le match et on se concentre sur les capacités qu'on lui connaît. Chaque groupe construit son propre mode de communication fait de regards, de cris, de mots, de gestes, de contacts... Du coup, les rapports sont très intenses, même si on ne voudrait peut-être d'aucun d'eux comme ami ! Par contre, on sait qu'on peut compter sur eux pendant le match, que la baisse de forme momentanée de l'un ne mettra pas la victoire en péril, car elle sera compensée par les performances des autres.

Comme ça, la bonne ambiance règne entre les joueurs ?

Une équipe, c'est pas une bande de potes. On ne s'est pas forcément choisis. Mais on a tous au moins trois choses en commun, trois choses qu'on partage : le plaisir de jouer, l'objectif de bien faire son match et les mêmes règles. Le reste n'a rien à faire là. Quand on est bien conscient de ça, on devient plus fort, dans son jeu, et dans sa tête.

On se forge un moral en acier pour toute la vie ?

C'est bien plus dur d'être performant dans la vie de tous les jours que sur le terrain ! Quand j'ai cessé la compétition, je me suis rendu compte que je n'avais pas le mode d'emploi des autres choses. Un sportif professionnel est assisté en permanence : on vous entoure, on vous prend vos rendez-vous, on organise vos journées... ça peut sembler un rêve, mais quand ça s'arrête on se dit plutôt que c'était un piège. Je me suis rendu compte que je n'étais pas autant préparé à affronter la vraie vie que je l'imaginais. Et puis dans le sport, il y a ce stress, cette pression, cette reconnaissance, que je savais gérer et qui me faisait avancer toujours plus. C'est agréable de s'entendre dire « t'es le meilleur ». Aujourd'hui, dans la vraie vie, cette image d'excellence n'est pas toujours facile à porter. L'échec ne m'est pas vraiment permis. Alors maintenant, il faut que je me débarrasse de tous ces superlatifs qui m'ont porté, c'est vrai, mais qui sont tellement encombrants, finalement.

La fille qui courait sur le plafond
de Timothée de Fombelle

C'est un grand stade blanc. J'entends comme la mer. Ou comme le vent, je sais pas. Ça doit être la foule. Au milieu de la piste, il y a un tube de lumière qui me fait mal aux yeux. Je m'avance toute seule vers la ligne de départ.

J'ai un livre sur les panthères. On dit que personne les voit quand elles sont à l'arrêt. A l'arrêt... Je sais pas de quel arrêt ils parlent. Si c'est l'arrêt du tram ou quoi. L'arrêt du bus ou du train...
Moi aussi, à l'arrêt du tramway, les garçons me voyaient pas. J'étais noire et transparente. On s'est mis à me regarder quand j'ai commencé à courir avec Anita Belle. C'est ça, c'est marqué dans le livre : on découvre la panthère quand elle bondit.

J'ai quinze ans demain, je m'appelle Kaline.
Je marche sur la piste, maintenant. Je sens même plus mon corps. De loin, je dois ressembler à un petit point noir dans le stade blanc. J'entends mon cœur

qui bat. Pourquoi il y a ce bruit de vague autour du stade ? J'ai toute ma vie qui tourne dans ma tête.

J'ai commencé à courir quand j'avais neuf ans. Pas la vitesse : la course longue. Ce que j'aime, c'est jamais m'arrêter. J'aime courir longtemps. Une heure. Deux heures. Je cours près des voies ferrées. J'aime seulement les trains qui vont loin.

Un jour, l'année dernière, quelqu'un m'a dit que c'était un sport.

– Quoi ?
– Ce que tu fais, là. C'est un sport.
– Moi ?
– Oui. Ça fait dix fois que je te vois passer. Tu es une athlète, mais, pour le moment, tu cours comme un crabe.

C'était une femme, j'allais pas la taper. Mais elle m'avait traitée d'*atlette* et de crabe. Elle était jeune et assez petite, même avec ses talons. J'ai dit :

– Pourquoi vous me traitez ?

Elle a fait un sourire, m'a donné une carte, et elle a sauté dans le train de banlieue. Elle était prof de tennis. Elle s'appelait Anita Belle. C'était écrit sur la carte, avec le nom d'un club.

A l'école, j'ai voulu trouver *atlette* dans le dictionnaire.

Cherchez pas, ça n'existe pas. Il y a juste *ablette*. C'est un poisson.

Je déteste le tennis. Je préfère encore le ping-pong, c'est moins cher. Le samedi d'après, j'ai quand même voulu aller voir son club. Elle était là, Anita Belle. Sur le tennis n° 2. Elle envoyait des balles à un monsieur en short qui portait un bandeau rouge sur la tête. Quand elle m'a vue, elle a continué à jouer. Je m'accrochais au grillage. Elle a fini par venir. J'ai crié :

– J'aime pas le tennis. A quoi ça sert de renvoyer des balles ? Même mon chien fait pas ça.

– Et toi ? Où tu vas quand tu cours ? A quoi ça sert ?

J'ai rien pu répondre. C'était vrai... Où j'allais quand je faisais dix fois le tour des voies ferrées en courant ?

Elle me lâchait pas du regard. Elle m'a proposé de m'aider à courir.

– Ça va. J'ai des jambes. J'ai besoin de personne.

– Alors moi non plus. Laisse-moi travailler. Va courir dans ta cité.

– Mais c'est vous qui m'avez dit de venir.

Je ne sais pas pourquoi, j'ai failli me mettre à pleurer. Elle avait repris sa leçon avec le monsieur en short. Elle lui disait de plier les jambes. Je suis partie en courant.

Le samedi d'après, j'étais là. Demandez pas pourquoi. J'ai crié à travers le grillage :

– Je vous préviens, je toucherai pas une raquette.

– T'inquiète pas, j'aurais trop peur que tu la voles. Tu t'appelles comment ?

– Pourquoi vous m'avez traitée de crabe la première fois ?

– Tu as déjà vu comment court un crabe ?

– Je m'appelle Kaline.

En fait, j'avais surtout jamais vu la mer. J'ai dit, en regardant mes chaussures :

– Bon, je veux bien essayer de courir avec vous.

– Avec moi, on n'essaie pas. Reviens demain, Kaline.

Le lendemain, j'ai commencé à courir avec Anita Belle.

Au mois de novembre, j'ai fait les premières compétitions.

Au printemps, j'ai commencé à tout gagner.

Avant ma première médaille, Anita Belle m'a assise sur la banquette du vestiaire.

– Il y a deux genres de coureurs, Kaline. Ceux qui courent parce qu'ils se sentent poursuivis. Ceux-là, ils vont vite parce qu'ils fuient. C'est ce qui les fait avancer. Toi, quand je t'ai vue, la première fois, tu fuyais quelque chose.

J'ai rien dit, mais je la trouvais trop forte, Anita Belle. Elle avait raison. Quand je m'arrêtais de courir, je sentais ça : j'étais rattrapée par ma vie. C'est ça que je fuyais. Elle continuait :

– Et il y a les autres, ceux qui courent pour gagner. Ils ne fuient pas. Ils chassent. Ils courent après quelque chose.

J'ai sursauté. C'était sûr qu'elle connaissait le livre. J'ai demandé :

– Vous l'avez lu ?
– Quoi ?
– Le livre de la panthère ?
– Non.
– La panthère, elle court pour attraper la gazelle.

Elle m'a regardée attentivement avec ses yeux.

– Et qui gagne à chaque fois, Kaline ? Qui, entre les deux, gagne à chaque fois ?
– La panthère.

– Alors, Kaline, il faut que tu choisisses : gazelle ou panthère.

Anita Belle n'a rien dit d'autre. Elle m'a laissée seule dans mon vestiaire.

Le soir, j'avais ma médaille.

Le stade est tellement grand que je ne vois pas les bords. Il est tout blanc. J'ai un peu mal au cœur. J'entends mon cœur très fort dans mes oreilles. Et toujours la mer. Au milieu de la piste, le bloc de lumière ressemble à un néon.

Anita Belle venait souvent me chercher en voiture. En bas de l'immeuble, elle me disait quelquefois :
– Tu me présenteras tes parents, un de ces jours.
– On verra.

J'étais un peu gênée. Je voulais pas. Mes parents sont très différents d'Anita Belle. Mes parents viennent jamais aux compétitions. Ils me félicitent jamais. C'est pas contre moi. Mon père comprend pas trop ce que je fais. Il dit :
– Pense à l'école, Kaline. Avant, tu voulais faire la coiffure...

Ma mère ne parle pas beaucoup. Je lui dis :
– J'ai gagné aujourd'hui.
Elle répond toujours :
– Je vais laver tes affaires.

Mais j'ai un souvenir, un seul, qui efface tout. Un jour, j'ai surpris ma mère qui se regardait dans la glace de l'entrée. Elle se tenait bien droite, le menton relevé, le regard mouillé et fier. Elle était contente. Elle ne m'a pas remarquée.

Mais moi j'ai bien vu qu'elle avait mis ma médaille d'or autour de son cou.

Un claquement. C'est le signal du départ. Je bondis. Le petit point noir file sur la piste blanche, autour du tube de lumière. J'ai l'impression de flotter. Je me sens bien. Est-ce que je vais courir seule dans ce stade trop grand ?

Brusquement, j'entends des voix autour de moi. Je les connais. Elles se mélangent au battement de mon cœur.

– Elle est très solide. Ça va aller.
– Vous pensez ?
– Tout s'est bien passé.
– C'est bien.
– Elle est dans cette chambre pour vingt-quatre heures. Après, on la changera de service.
– Bon...
– On nous l'a amenée ce matin. Il pleuvait. Elle courait sur le bord de la route. Le camion l'a bousculée, mais son corps a dû rouler. C'est un miracle. Tout le corps est choqué.
– Ah...
– Elle est solide votre fille. Je n'ai jamais vu ça.
– Oui, c'est vrai. C'est parce qu'elle fait la course...
– La course ?
– Elle court, quoi... Je sais pas exactement. Elle fait les compétitions, les médailles...
– Pendant l'opération, on sentait ça. C'est une athlète.
– C'est quoi ?
– Elle est sportive, votre fille.

– C'est bien.

Je reconnais la voix de mon père et celle de ma mère. Il y a un type avec eux qui murmure :

– Vous entendez son cœur dans la machine ? Un cœur de marathonienne...

– De quoi ? Ah, oui... Et les tuyaux ?

– C'est pour l'aider à respirer. On les enlèvera.

– Ça fait du bruit.

– Un peu comme la mer.

– Oui, un peu.

– Vous pouvez lui parler... Elle vous entend.

– Ah ?

– Je vous laisse tous les trois.

– Bon.

Silence. J'entends mon cœur. Et mon père qui chuchote avec ma mère.

– Parle-lui, toi.

– Moi ?

– Oui.

– Bon... C'est nous, Kaline. C'est nous... C'est ton père et moi. Le docteur est content. Il dit que tu es sportive. La dame de la course est venue à la maison, Mme Belle. Elle est gentille. Elle t'aime beaucoup. Tu as oublié tes baskets chez elle. On les a mises dans le placard. Elle va revenir ici tout à l'heure pour te voir. Elle dit aussi que tu es très forte. Tout le monde dit ça. J'espère que tu m'entends. Tout le monde dit que tu vas courir encore.

– Regarde. Elle bouge les yeux.

– On dirait qu'elle suit quelque chose sur le plafond blanc.

– La lumière est trop forte. Je vais la couper.

Le stade s'éteint. Mais la panthère court dans la nuit. Je vais vivre.

Courir par-delà les nuages

de Valentine Goby

– A quoi ça sert ? Hein ?

Je cours. Le point douloureux se précise, sous mes côtes. Souffle, je me dis. Souffle. Je ne sens rien, les trois premiers tours de stade. Trois fois 400 mètres sur sol rouge, élastique, je regarde loin devant. Je pense à tout sauf à mes jambes. Elles courent seules. Sans ma tête. Je regarde les garçons loin devant, au triple saut, au lancer de poids. Là-bas ils s'élancent, une course serrée les genoux hauts, ils bondissent, arquant le dos au-dessus du fil, détendent les jambes, retombent mollement sur le matelas bleu. C'est une danse. Ils courent, bondissent, se cambrent, se relèvent et le fil vibre, parfois, des fesses, des coudes qui l'ont frôlé. Fusbury, je n'ai jamais su faire. Je cours. Au centre du terrain, des maillots vert foncé se frottent à des maillots orange. Montrouge contre Vincennes. Des hommes s'échauffent à la barre, le long de la piste. Une équipe de relais se positionne dans le couloir deux.

– Tu tournes en rond, Daph', et moi, j' me les gèle...

Au cinquième tour, la gêne commence. Ce n'est rien. A peine un pincement, difficile à situer, quelque part près du cœur. Je maintiens l'allure. Petites foulées régulières. Bien droite. Les poignets à hauteur des hanches, un balancement doux. Ne pas s'arrêter, surtout. Je passe devant M. Guy. Il mâche un chewing gum vert, porte un survêtement brillant comme la soie, les pieds glissés dans des sabots. Il me regarde. Il hoche la tête. Ma douleur se ramasse. Se contracte en un point précis sous le sein. La lame pénètre, lentement, sûrement dans mon côté. Les sauts, les lancers, les corps orange et verts s'effacent à l'autre bout du stade. L'horizon se rétracte. Mes yeux suivent les lignes blanches du couloir. Droites, courbes, droites, courbes. Parfaitement parallèles. La sueur coule à mes tempes. Sur ma lèvre. Dans ma bouche. Salée. Mes cuisses tirent. Mes semelles mordent. Des taches noires dansent sur mes pupilles.

– Tu parles d'une partie de plaisir... On dirait que tu vas mourir!

Kay saute d'un pied sur l'autre, dans les gradins, deux mètres au-dessus de la piste. Je ne la vois plus. Je l'entends, à chaque passage. Le piétinement de ses bottes contre le béton. Le grésillement de ses écouteurs. Je n'ai pas voulu aller au cinéma, Kay est furieuse. Le mercredi après-midi je cours au stade de Montrouge. Toujours.

Au septième tour, j'ai besoin de ma tête. A la place des jambes. Continue, Daph'. Ralentis pas. Vide l'air, tout l'air de tes poumons. Fais un trou dans ton ventre, comprime ce foutu point de côté. J'ai des milliers de muscles dans le corps, et tous les muscles ont mal.

– Si encore t'étais championne... t'as même pas de médaille en chocolat!

Je cours contre moi-même. Contre la douleur qui me commande d'arrêter. Je ne double personne qu'elle, que moi. La montre, je m'en fous. Je lutte contre la douleur et contre Kay.

– Donne-moi une bonne raison, une seule, et je la ferme.

Ce n'est pas l'ennui. Pas le manque d'espace, comme Lola et ses six frères et sœurs : « Avec le stade, ça fait quatre pièces et un jardin! » Pas la gloire. Une asthmatique n'espère rien de la course à pied, la poche gonflée de son inhalateur. Pas la rage, non plus. Je m'en sors, au collège. Je fixe les bouts de mes chaussures, pour pas lâcher la course. Mais je n'ai pas peur, quand il le faut, de regarder devant.

– T'es pénible, franchement. T'as bientôt fini?

Je mesure 1,60 mètre, 51 kilos. Pas de poids à perdre. Kay a des trous à la place des genoux, courir ne lui ferait pas de mal. On m'appelle Malibu, à l'école, depuis qu'à la piscine, au cours de sport, j'ai nagé en maillot de bain rouge. C'est dire que courir, ce n'est pas une coquetterie. Huitième tour. Quatre cents mètres et je passe la barre de la douleur, c'est sûr. Le survêtement de M. Guy scintille dans le soleil. Il hoche la tête. Souffle, Daph'. Souffle. Expulse tout. Des fois, c'est à crier. J'ai vu un reportage à la télévision, la semaine dernière. Un garçon de mon âge, quatorze, quinze ans peut-être, courait dans le stade de Kaboul, en Afghanistan. Du temps des talibans, on lapidait des femmes sur le terrain central. En public, à coup de pelleteuses, c'était plus rapide que les jets de cailloux. On leur tirait des balles en pleine tête, pour les punir d'adultère, anonymes, les yeux grillagés par la burka. Parfois, on les enterrait vivantes. On amputait des voleurs devant la foule excitée. On pendait des hommes aux barres transversales des buts. Le garçon ne fixait pas la caméra. Il courait autour du stade et parlait en même temps, le cameraman suivait, l'image tressautait au rythme de la course. Je n'avais jamais vu ça, une image qui respire. Qui s'essouffle. Et puis, le type lui a demandé : « Pourquoi tu cours ? » Et le garçon qui courait par-dessus les morts a répondu : « Parce que je peux. » Je m'étais dit que si j'avais habité Kaboul, ç'aurait été une réponse à la question de Kay. Pourquoi tu cours, imbécile ? Parce que je peux.

– Daph', t'es de la couleur de la piste, là...

Neuvième tour. J'y suis. Ça tire fort. Je serre les mâchoires. Ça y est. Je suis au-dessus de la crampe. La douleur se détend. Se dilue. Confuse. Elle s'use à mes foulées régulières. Je la polis. Je la gomme. Je respire. Respire, Daph'. Mes muscles se décrispent. La sensation part de la poitrine. Je me sens légère. Plus de talons. Plus de vibrations dans les genoux, les hanches, le dos. Une sensation lisse dans tout le corps. Plus d'effort. Je ne cours plus avec ma tête. Ni avec mes jambes. Je suis portée. Au-dessus du revêtement rouge. Des lignes blanches. De mes chaussures. De M. Guy, de Kay, du terrain aux joueurs orange et verts, aux tremblements de fil et matelas mou. C'est comme être par-delà les nuages, Lindbergh disait ça, le premier homme qui a traversé l'Atlantique en avion, en 1927 : au-dessous des nuages tu rases la mer, la mer est pleine de dangers, de voiliers cachés dans la brume, de paquebots énormes, chicanes monstrueuses sur l'océan, dans les nuages tu échappes aux bateaux mais tu prends le givre, les ailes glacées, alourdies par le poids de la glace, tu coules comme une pierre au fond de l'eau noire. Le seul moyen de voler, de voler longtemps, c'est de passer par-dessus les nuages, risquer la hauteur, le palier supérieur, être juste au-dessous des étoiles. Je cours comme ça, la tête dans les étoiles. Au dixième tour je cours même plus, Kay, je m'arrête plus, tu ne peux pas comprendre ; je ne sens plus rien qu'une douceur cotonneuse autour de moi, je m'en vais très loin dans mes rêves, je cours avec mes rêves.

– J'en ai marre, Daph', t'es lourde à la fin.

Je suis un oiseau.

– Tu sais même pas pourquoi tu cours...

J'ai pas d'autre raison de courir que ça : je suis bien, Kay. Je suis bien.

Ligne de départ

de Patrick Goujon

Tous les 200 ou 300 mètres, elle s'arrête et attend que je la rattrape. Elle continue, de petites foulées statiques, en surplace, pour conserver le rythme de sa course. De la fumée s'échappe de sa bouche, des écharpes de chaleur qui semblent remonter le chemin gris, ligne de ciment entre les arbres, se délitent et n'existent plus sitôt franchi l'horizon, le ciel mauve, bientôt bleu marine, au-dessus des cimes.

Elle s'arrête, je cours comme je peux, sans me fouler. Sa respiration, des halètements mesurés, réglés, me parviennent plus distinctement à mesure que je me rapproche, et alors que quasiment le bras tendu je pourrais lui toucher l'épaule, comme on croit qu'on va toucher l'épaule d'un gamin dans la cour de l'école et le transformer en chat, elle se dérobe, repart de plus belle, son visage de dos, les cheveux attachés, ses mèches balayant sa veste à capuche.

Après un tour de sous-bois, les distances entre nous commencent à rallonger. Je redouble d'efforts, moi qui nous pensais partis sur un pied d'égalité. Au deuxième tour, vingt, trente secondes de course nous séparent. Subitement, elle s'immobilise, se tourne vers moi, me fait face. Elle pose ses mains sur ses cuisses, expire un grand coup, se redresse et marche dans ma direction.

– Je croyais qu'il fallait ralentir progressivement ? je demande.

Elle souffle. Pas une expiration : un soupir.

– Tu vas où ?

Elle dit :

– Je rentre.

– Déjà ?

– Tu fais pas d'efforts. Ça sert à rien.

– De quoi ?

– De courir ensemble.

Je lève les yeux au ciel. J'ai souvent recours aux yeux pour répondre, je les lève au ciel, je vois les branches squelettiques des marronniers, puis je les baisse brusquement, je regarde mes chaussures, et aussi, je vois les écorces hérissées d'épines des marrons, molles, et jaunes.

– Moi, elle dit, je fais pas ça ! Quand on fait des trucs ensemble, je m'intéresse, j'y mets pas de la mauvaise volonté !

– J'aime pas courir ! Je déteste ça ! Tu le sais bien !

– J'aime pas regarder les films sous-titrés ! J'aime pas le poisson cru, ni manger avec des baguettes d'ailleurs, j'aime pas me coucher à deux heures du matin ! Mais je le fais, pour te faire plaisir !

– Personne t'oblige !

Elle se remet à marcher.

– Oh, ça va ! Je fais quoi depuis vingt minutes, je cours comme un dératé ! Je cours, non ?

Une aiguille me perfore la poitrine. J'ai une boule dans la gorge. Comme si j'avais avalé une de ces écorces de marron.

– Parle-moi, je dis.

– Je veux courir avec toi, pas seulement en même temps !

Je la regarde fixement, tentant de comprendre le sens de ce qu'elle raconte, deviner, au hasard. Mais tout ce que ce que je trouve à répondre c'est :

– Décidément, t'es vraiment trop chiante !

J'ai à peine le temps de shooter un marron qu'elle se lance dans un nouveau sprint. J'aperçois ses yeux rouges et, l'instant suivant, ses cheveux, la capuche de sa veste, son corps qui prend ses distances, s'éloigne à toute vitesse. Je lui crie de m'attendre. Elle n'écoute pas. Je me lance à sa poursuite mais elle me sème dès les premières secondes. Je fournis tout ce que je peux, tout ce que j'ai. A l'évidence, ce n'est pas suffisant. Mes jambes ne sont pas assez puissantes, mes poumons pas assez endurants.

Alors je ralentis.

Je la regarde s'éloigner.

Je cours derrière elle.

Le jour tombe. Le chemin se confond avec les arbres, le feuillage au sol, les branches avec le ciel, au loin un ourlet noir, et des formes imprécises au-delà de dix mètres : un tronc couché en travers d'un fossé, passerelle de fortune entre le chemin et la clairière, il ressemble à un crocodile mort ; la clairière, un espace béant, supprimé, vidé, des après-midi entiers au soleil, je me souviens des pique-niques, crème solaire sur les épaules, casquette sur la tête, brioches sous cellophane et carrés de chocolat, la voix puissante des professeurs, des moniteurs qui rameutent des mômes égarés, partis se planquer, à l'aventure, mailles des chaussettes prises dans les ronces, chevilles et mollets irrités par les orties, ballon en plastique verdi par le gazon mouillé, espace gris, endormi, supprimé, la clairière plate désormais, rectangle vide, solitaire, je suis seul à seul avec ma respiration. J'entends mon cœur battre. Mes propres halètements. Les siens étaient réguliers, les miens varient selon mes pensées. Quelle est la différence entre un marronnier et un châtaignier, un marron et une châtaigne ? Ai-je vraiment l'habitude d'imposer mes désirs et ne m'incliner qu'à moitié à ceux des autres ? Depuis quand n'aime-t-elle plus les films sous-titrés ? Les a-t-elle jamais aimés ?

Je n'y pense plus. A mes jambes. Au sol sous mes pieds. C'est devenu naturel, je ne cours plus sur le chemin cimenté mais à l'intérieur de moi. Ma tête. Je n'ai plus aucune notion du temps. De la chaleur s'échappe de ma bouche, je suis une cheminée, un foyer inépuisable. A ma droite, je discerne un bruissement dans un fourré. Une vipère. Un oiseau. Un autre souffle dans mon dos finit par me dépasser. C'est elle. A toute allure. Elle file comme une flèche, son corps aussitôt ravalé par l'obscurité, parti comme il est venu, charbonisé. Mon oxygène est infini. Je pourrais ne pas m'arrêter, me semble t-il, courir jusqu'à l'aurore.

Au dernier virage, pourtant, je me stoppe. Elle est assise sur un petit banc en pierre. Non loin, je me rappelle, il y a un abri en bois, un toit en rondins sous lequel j'allais lire, autrefois, des livres dans le silence. La sueur dégouline sur son front. Elle tousse, des quintes graves. Elle est éreintée.

– Et maintenant ? je demande.

Elle secoue le visage.

– Maintenant que tu as un tour d'avance ?

Elle secoue le visage, à nouveau. Je prends un mouchoir en papier et lui éponge le front.

– Maintenant, je dis, si on reprenait notre souffle, avant de repartir ? Si tu essayais de courir moins vite, peut-être on pourrait essayer de courir plus longtemps tous les deux.

Elle secoue le visage. Je crois que ça veut dire oui. Ou non. D'ailleurs on s'en fiche. La nuit nous enveloppe, l'air frais, aux accents de mousse et de feuilles mortes, mes poumons se remplissent d'images et se vident de ce qui m'encombre. On y voit à peine suffisamment pour se trouver les mains, à tâtons, les doigts de l'autre. Je trouve les siens, elle se lève, serre ma paume comme un signal, et nous repartons, ensemble, à petites foulées, vers la ligne de départ.

King Joe
de Yves Hughes

Ils ont frappé à la porte et ils ont crié : « King Joe, trois minutes ! » Je n'ai pas bronché. A peine un battement de cœur accéléré. J'ai l'habitude. Ma vie depuis vingt ans se divise en morceaux de trois minutes. Combien de trois-minutes en vingt ans ? J'ai pas calculé. Ça doit pas être si compliqué. Même si j'ai jamais été très fort en calcul.

Est-ce qu'il l'est, lui, fort en calcul ? Lui aussi depuis quelque temps il égrène sa vie en petits bouts de trois minutes. Et à lui aussi ils ont crié derrière sa porte : « Trois minutes ! » C'est précis. A cause de la télé, la prise d'antenne. Trois minutes. Pour l'un comme pour l'autre. On a rendez-vous.

La télé c'est pour lui. Les gens commencent à le connaître. Les gros plans seront pour sa gueule, pour son grand sourire blanc. Sauf à certains moments pour montrer la mienne de gueule, dans mon coin, la peau ouverte sur les blessures qui coulent et mon sourire blanc qui se tache, grimace de boxeur qu'on prend pour un sourire à cause du protège-dents.

Est-ce qu'il a chaud comme moi ? Est-ce qu'il transpire ? Est-ce qu'il s'est passé de la graisse à traire sur les arcades et les pommettes lui aussi ? Peut-être un produit plus moderne, il est jeune. Il doit être conseillé, choyé, entouré. Il bénéficie des derniers trucs à la mode. Moi je suis fidèle à la bonne vieille graisse à traire qu'on ramène à deux doigts du fond du pot pour se la tartiner sur le visage aux endroits stratégiques.

Je suis seul. Mon manager est parti pisser. Il part toujours pisser à ce moment-là. Après seulement il vient me chercher, à la dernière seconde. Je préfère. Je reste assis sur le banc du vestiaire à regarder mes mains bandées. Je leur parle parfois.

Tooly, je le connais depuis que j'ai seize ans. Depuis ce jour où je suis entré dans sa petite salle dans la banlieue de Belfield, Dakota-du-Nord. Il y avait des sacs pendus au plafond comme des saucissons, une grosse horloge au mur et un ring bleu avec des cordes distendues.

Ça m'a donné de mauvaises habitudes, entre parenthèses, de toujours m'entraîner entre quatre cordes mal tendues. Pour les matches, certains de mes adversaires augmentent leur tension. J'en perds mes repères. Lors des combats difficiles, un bon moyen pour éviter les coups est de vous appuyer aux cordes. C'est souvent votre dernier recours : les reins contre celle du haut, le buste en retrait en dehors du ring.

Les cordes hypertendues, au lieu de vous « boire », elles vous renvoient aussi sec en avant, comme un boomerang, en plein dans les poings de l'autre qui continue de cogner. Les cordes trop tendues c'est fait pour les battants, ceux qui attaquent, ceux qui vont gagner. Combien j'ai souffert à cause de ces salopes !

Tooly, un soir dans sa salle aux gros saucissons pendus, m'a baptisé « King Joe ». C'était idiot. C'est resté.

Ici aussi le ring est bleu. Je l'ai vu tout à l'heure. Un peu plus grand que celui de Belfield. C'est un ring homologué. De toute façon, pour moi tous les rings sont trop grands.

Je viens toujours en repérage dans la salle vide avant le début de la réunion. Il est venu, lui aussi : mon adversaire de ce soir. Un de plus. Un adversaire, un soir. Jamais tout à fait les mêmes. Et pourtant si semblables.

Les gradins étaient encore déserts. Il les a balayés d'un regard conquérant. Comme s'il voulait déjà se les accaparer. Puis il a ôté ses chaussures de ville et il est monté sur le ring. Je l'ai regardé faire. Il se jetait contre les cordes. J'espère qu'il est habitué à des tensions faibles. Ensuite il a exécuté quelques sautillements. Comme ça, en chaussettes. On aurait dit un gosse qui fait le con sur son lit. Il éprouvait l'élasticité du tapis.

C'était la deuxième fois que je le voyais. La première : hier à la pesée dans les salons d'honneur du Coliseum. Une gueule d'ange, vingt ans, des rêves plein les yeux et des ambitions entre les dents. Son grand sourire blanc qu'il ne semblait pas avoir peur que je lui casse. Il était en slip. Il a des jambes sans poils et un torse plat. J'ai remarqué ses tétons roses. J'aurais voulu les lui mordre.

J'ai remarqué aussi ses jolies mains de puncheur. Ses mains de vingt ans qui ne savent rien. Ses mains qui ont faim : de gloire et d'argent, de corps de femmes à caresser et de corps d'hommes à détruire.

Beaucoup de puncheurs ont de belles mains. Plus belles que celles de certains stylistes. Le néophyte a du mal à comprendre ça. Les stylistes, ce sont les jambes qu'ils ont fines et longues, très fuselées à force de danser sur les rings et à force de corde à sauter pendant l'entraînement. Mais pour ce qui est des mains...

Parce qu'un puncheur, finalement, ça donne moins de coups. J'en ai vu qui faisaient tout un combat en n'en distribuant qu'une douzaine. Pas plus. Rien pendant trois rounds, c'est impressionnant. Patience. Observation. Puis six gauches et cinq droites au quatrième round. En petits crochets courts, swings et jabs. A l'entame du round suivant, le douzième coup était le bon : l'autre ne se relevait pas. Les vrais puncheurs ont de jolies mains qu'on a envie d'embrasser.

Je regarde les miennes qui ne sont pas belles parce qu'elles ont cogné tant de visages et de sacs. Mes mains qui cognent mal les crânes de boxeurs et les sacs pleins de son, et qui caressent mal le corps d'une femme.

Voilà ce que je pense durant cette attente interminable de trois minutes. Et tous les boxeurs de vingt ans ont faim de quelque chose. Moi aussi j'ai éprouvé cette faim. J'étais entré dans la petite salle de Tooly dans la banlieue de Belfield et dès cet instant ma vie a eu faim. La pendule n'avait qu'une aiguille : celle des secondes. Une grande trotteuse noire qui faisait trois tours et déclenchait une sonnerie. A la sonnerie, les boxeurs qui s'entraînaient s'arrêtaient net. Tous ensemble d'un seul coup. Comme des acteurs au « Coupez ! ».

Trois minutes. Une mémoire de poisson rouge. De puncheur. La mémoire aussi de la douleur. Cent quatre-vingts secondes d'existence. Du temps qui trotte en rond comme un cheval de manège, un cheval de bois qui n'y croit pas. Du temps qui certains samedis soir s'accélère et court après seulement une poignée de secondes : les dix secondes du KO.

Je ne l'ai jamais été, KO. Je ne suis pas un champion pour autant. Pas même un styliste. J'encaisse, tout simplement. Mon organisme résiste jusqu'au bout et je perds aux points. Souvent il s'obstine, entêté au-delà de la souffrance, fidèle jusqu'à la dérive, et je perds par KO technique : l'arbitre s'intercale entre mon adversaire et moi en écartant les bras et il me serre contre lui, mon visage lui laisse du sang sur sa chemise blanche, il me serre quand même dans ses bras sans y prêter attention, alors je sens l'odeur de son déodorant, au milieu d'un ring, pendant que l'autre au coin opposé crache son protège-dents et lève ses gants vers les projecteurs.

J'ai trente-six ans. Soixante-douze combats. Quatre nuls. Trois victoires. Dont une par forfait. Je fais mon boulot. En professionnel consciencieux. Les organisateurs m'engagent pour aider un jeune espoir à monter. Je suis le marchepied de la gloire. Certains de mes adversaires sont montés très haut. C'est aussi un peu grâce à moi.

D'est en ouest, du Massachusetts à la Californie, les managers savent que je sais boxer, que je vais lui apprendre, à leur jeune prodige plein d'avenir. Ils savent que je tiens au moins six rounds et que je ne vais pas tout gâcher en m'écroulant dès les trois premières minutes. C'est une catastrophe, pour un espoir de la boxe, un adversaire qui ne lui donne qu'un round. Le futur champion n'a pas le temps d'apprendre.

A-t-il peur, de l'autre côté du couloir ? Sait-il qui je suis ? A-t-il confiance ? En qui ? En lui ou en moi ? A-t-il confiance en ses poings pour préserver sa petite gueule d'ange ? Une fiancée l'encouragera-t-elle au premier rang ? Un papa ? Une maman ? Sûrement, à vingt ans.

Plus personne ne vient me voir boxer depuis longtemps. Ma femme reste à la maison et attend. Elle n'est pas angoissée. Elle sait comment les choses se passent. Il n'y a pas de surprise. Je rentre tôt. Je ne vais pas dîner dehors dans un grand restaurant avec mon entourage et des journalistes. Je n'ai pas d' « entourage » et les journalistes ne s'intéressent pas à moi. Elle m'a préparé une soupe, une purée, quelque chose de facile à avaler. Avec une bonne bière même si ça brûle. Elle ne pose aucune question. Elle sait le résultat. Elle sait que j'ai gagné le loyer pour quelques mois. Chaque boursouflure sur mon visage est une semaine de tranquillité. Chaque coupure une lettre d'huissier en moins. Elle me les embrasse délicatement.

Mon petit garçon dort dans son lit où je vais lui faire un câlin avant de me coucher. Il se réveille à moitié quand je pousse la porte et me serre dans ses petits bras comme l'arbitre un peu plus tôt me serrait dans les siens. Mon petit garçon sent le dentifrice et il est très content de me voir penché au-dessus de lui. Il me demande le numéro du round. Je réponds « 7 » ou « 8 », parfois « 10 » ou même « 11 ». Il est satisfait. Tout est en ordre. Quand je dis « 12 » c'est une vraie fête, l'exploit lui semble digne de la plus grande admiration et je suis heureux, même si je rentre un peu plus tard avec un peu plus de boursouflures. Et je crois bien que si un soir je lui chuchotais que j'ai gagné, mon petit garçon ne comprendrait pas. Peut-être même... oui sûrement : ça le rendrait triste.

Les trois minutes sont bientôt écoulées. Pas besoin de montre pour le savoir. J'ai une aiguille noire dans la tête. Je vais y aller, affronter la salle beuglante du Coliseum, la lumière crue inondant le ring bleu qui me semblera si grand. Je vais sortir en premier. Toujours. Le champion après, pour les honneurs, dans le faisceau d'une poursuite et la musique de *Rocky* plein les enceintes.

Nos regards se croiseront sur le ring et lors du premier corps à corps je sentirai son odeur. Je toucherai sa peau avec ma peau. Je m'accrocherai à lui, pressant ma poitrine contre son torse jeune et plat de vainqueur. Il me frappera et j'éprouverai sa force, j'évaluerai ses muscles et dans ses yeux son instinct. Les boxeurs se regardent beaucoup. Je le frapperai moi aussi. Il m'entendra gémir quand je viderai mes poumons à chaque direct. Un dialogue de râles et de coups. A vous rendre fou.

Il sera peut-être champion du monde un jour et ne se souviendra pas de moi. On a rendez-vous pourtant. Nos vies passent l'une par l'autre, ce soir, l'espace de petits morceaux de trois-minutes.

C'est l'heure. Tooly va ouvrir la porte. Je vais sortir maintenant, quitter la chaleur de ce vestiaire pour aller jusqu'au ring où j'aurai si froid. Et dans sa chambre là-bas mon petit garçon s'endort en pensant à son papa boxeur debout dans la lumière, qu'un vieil arbitre très chic en chemise blanche et nœud papillon prend dans ses bras.

Outremer

de Anouk Journo-Durey

« *Moi, je regarde les hommes, la terre, l'eau, l'air, et je pense que rien n'est petit dans l'Univers puisqu'un seul mot ne suffira jamais à l'écrire.* »
Alain Serres

Si seulement elle avait pu croquer l'eau...

Elle se sentait mi-ondine mi-chercheuse d'air, tout en quêtant, comme tout le monde, sa *terra incognita*.

Et cette eau! Elle en buvait tant qu'à une époque, on la croyait affligée de cette maladie dont elle avait oublié le nom bizarre... Ah, oui, la potomanie. En vérité, elle était simplement une jeune fille hydrophile.

Ça l'enveloppait, bruissant, tiède, d'une légèreté incolore, et à chaque brasse, son esprit se tournait vers des nuages lunaires, un ailleurs d'embruns. Elle partageait vivement l'ivresse des oiseaux marins, cette clarté alentour... Oh, bien sûr, « clair » ne signifiait pas grand-chose pour elle. Mais sous ses paupières engourdies, elle savait les constellations tandis que sur sa peau, la lumière palpitait.

Elle avait été baptisée Blanche – sombre éclat de rire face à sa cécité, sans aucun doute. Ainsi, sa mère s'était peut-être également moquée de l'abandon qui couvait en elle. En effet, dès l'âge de deux ans, Blanche avait été recueillie par sa grand-mère Rachel, qui l'avait alors surnommée Monda, le sang de trois continents coulant dans ses veines : un peu d'Asie, un peu d'Afrique du Nord, un peu d'Europe. Rachel, douce matrone, l'avait comblée d'un amour instinctif, presque animal... et convaincue, un beau jour, d'apprendre à nager.

Cette matinée-là, Monda osa franchir une nouvelle frontière. La Méditerranée l'accueillait tout entière... Elle n'avait plus pied. En rythme avec les pulsations de son cœur, les vaguelettes lui portaient des brassées d'éblouissement – sensation multicolore qu'elle cristallisait à sa manière. Guidée par sa respiration, la jeune fille avançait, se propulsait, inondée de joie, effaçant tout... Même le « Tu sais, tu ne vois pas, mais c'est peut-être une chance... » de sa grand-mère ; qui pensait Monda immunisée à vie des publicistes et autres fabricants de virtuel visuel. Sa petite-fille, se plaisait-elle à répéter, gardait le vrai regard de l'âme.

A ce sujet, Monda s'interrogeait parfois. Comment réagirait-elle si, un jour, un médecin hors du commun lui offrait la vue ? Certes, ce n'était guère probable, son nerf optique n'étant même pas formé : ses yeux se réduisaient, en quelque sorte, à deux orbites dénuées de planètes. Elle arborait néanmoins des prunelles d'un bleu intense, très étudiées pour paraître naturelles, qu'il fallait laver régulièrement, et ça, quelle plaie ! Mais... et si ? Le vert, qu'elle mariait à l'herbe du printemps, serait-il encore frais ? Le marron, qu'elle imaginait rond comme un tronc, ne deviendrait-il pas nauséabond ? Le jaune resterait-il éclaboussé de soleil ? Et sa météo de l'âme ? Résisterait-elle ? Car au fil des ans, Monda avait associé chaque couleur à une odeur, et les giboulées, coups de vent, ébauches de tornade ou simples averses se paraient, en elle, d'un chaleureux chatoiement. Il lui arrivait même, dans le plus grand secret, de ne pas répondre au téléphone, ou de fermer sa porte à une amie – et même à sa grand-mère ! –, pour se réfugier contre le rebord de sa fenêtre, joues tendues vers le ciel, frémissante...

Cependant, cet instant précis baignait dans l'indéfinissable. Là, Monda plongeait dans une diaprure céruléenne, un océan pervenche, un roulis lapis-lazuli... Son outremer d'où elle renaissait de tous ses pores. Elle oubliait le cliquetis de sa machine Perkins, du poinçon sur le papier froid, et même le son produit quelquefois par la plume que grand-mère Rachel agitait avec un « Pfft ! Et encore un stylo qui ne marche pas ! » – soit l'encre perlait enfin, soit l'objet valsait dans la poubelle, pour le plus grand bonheur de Monda qui adorait tous les bruits de chute. Une fois, pour lui faire plaisir, sa grand-mère avait volontairement cassé des assiettes dans la cour, l'une après l'autre, et cette explosion de faïence habitait encore le silence de la jeune fille... Elle avait ri aux larmes !

Monda inspira profondément, et nagea encore plus loin, se laissant bercer par les piaillements des vacanciers autour d'elle. Rien – plus rien – ne pouvait se produire... Elle avait déjà traversé le pire. Et toute cette eau...

C'est alors que survint la gorgée salée. Monda émit un hoquet, se débattit, et s'efforça de se ressaisir. Inspire par le nez, expire par la bouche, calmement. A la piscine, elle avait appris à ne pas être dominée par l'eau... Jamais. Mais en mer, c'était si différent... Ça bougeait tellement...

Trop, soudain.

Des larmes lui piquèrent les paupières, elle ouvrit grand la bouche, manqua s'étrangler. Ses bras battirent telles des ailes, un tourbillon l'envahit, l'attirant vers une spirale sans fond. Une cascade lui comprima les tempes, les narines, la poitrine, les poumons... Cette oppression... Elle devenait papillon...

– Hop! Tiens-toi à moi! lui ordonna tout à coup une voix masculine.

Deux bras l'étreignirent avec énergie. Monda s'abandonna, vaguement consciente d'être happée, tirée vers le rivage. Des fourmillements la parcouraient de la tête aux pieds, et de façon fugace, elle s'imagina branchage à la dérive.

– J'ai bu une tasse! murmura-t-elle quand, enfin, elle put reprendre son souffle.

– Et même plusieurs, à mon avis! répliqua son secouriste – manifestement un jeune homme. Là, ça ira?

– Oui...

Il la lâcha, et elle sentit ses pieds s'enfoncer dans la

tiédeur du sable. Le contact rassurant de la terre gorgée balaya instantanément la mauvaise expérience qu'elle venait de vivre. Elle leva le visage vers le soleil.

– Ouf! J'ai été imprudente. Je me suis trop éloignée...

Au même instant, des pattes vigoureuses lui griffèrent le flanc. Monda tangua, poussa une exclamation de douleur.

– Tinel!

Elle voulut écarter son labrador, mais l'animal s'accrocha de plus belle, croyant sans doute sa maîtresse encore en danger.

– Tinel! Arrête!

Comprenant enfin, Tinel lui lécha le visage, et s'ébroua. Monda reçut une myriade de gouttelettes, de même que le jeune homme à côté d'elle, qui lança un joyeux éclat de rire.

– Il est beau, ton clebs.

– Mon... clebs? répéta-t-elle, presque choquée par l'argot.

Tinel – Sentinel de son vrai nom – représentait tant pour elle! Ses yeux... Sa bouée terrestre...

– Monda! Que s'est-il passé? s'exclama sa grand-mère, en la rejoignant dans un jaillissement d'éclaboussures.

– Rien... Enfin, j'ai peut-être failli me noyer... Mais plus de peur...

– Que de mal, compléta l'inconnu.

Monda sourit. Il avait une tessiture ténorino, allègre.

– Tu veux sortir de l'eau, ma petite fille?

– Euh... oui! Mamie, Tinel est toujours là?

– Il se vautre déjà sous le parasol, l'animal !

Une nuance affectueuse teinta la voix de la vieille femme :

– Quand même, il a cru que tu te noyais !

– Pas toi ?

– Non. J'ai confiance.

– Alors que tu ne sais même pas nager, remarqua Monda, émue.

– J'ai confiance dans la mer...

– Ta confiance est aveugle !

– C'est bien, tu ne perds pas le sens de l'humour !

– Jamais, mamie, grâce à toi...

Un bras sous celui de sa grand-mère, Monda gagna lentement la plage. Après les remerciements d'usage, l'inconnu s'éclipsa et, au fond d'elle-même, la jeune fille le regretta. Drapée d'une serviette, elle s'assit sur le sable, et remonta les genoux contre sa poitrine. Son cœur battait fort, trop fort. Les paupières closes, elle écouta la brise, le sifflement d'un cerf-volant, le crissement subtil des grains sableux... Et le vent encore, qui lui parlait. Celui-là était « droit ». D'autres lui semblaient hypocrites, tel le vent de nord-ouest qui soufflait « de biais ». Mais, ce souffle-là...

Oui, elle aurait aimé le retrouver. En d'autres circonstances, bien entendu.

– Bois, ma puce, dit sa grand-mère en lui plaçant un gobelet dans la main. Du jus de fraise préparé maison.

– Merci...

Monda avala plusieurs gorgées d'un trait, se délectant de l'arôme et de la fraîcheur du breuvage.

– Mamie, il faut que je te dise...
– Oui ?
– Nager me sauve.
– Ça dépend, coquinette ! Si je ne m'abuse, tu as failli te...
– Ce n'était rien. Et puis, c'est en se trompant qu'on apprend ! Dorénavant, je resterai sagement où j'ai pied.
– Très bonne idée.
– En même temps, quand je nage, je me sens comme les autres. C'est un peu comme si je voyais avec tout mon corps. J'imagine que je suis un œil géant !
– Un œil géant qui a besoin d'une ceinture de sécurité, hein ? Au fait, il a des cheveux noirs et un torse doré comme du miel !
– Qu'est-ce que tu racontes ?

Grand-mère Rachel émit ce petit rire tranquille que la jeune fille adorait. Depuis sa plus tendre enfance, elle se le remémorait dans ses moments d'insomnie inavoués, afin de se bercer.

– C'est un bien beau jeune homme qui t'a aidée à reprendre pied, tout à l'heure, ma grande pitchoun ! Il est là-bas, avec un garçon qui, ma foi, est peut-être son frère. Ils se ressemblent comme deux gouttes d'eau. Veux-tu que je les invite à déjeuner ?

En guise de réponse, Monda prit les mains de sa grand-mère et les garda longtemps dans les siennes.

– Message reçu, reprit la vieille femme, un sourire dans la voix.

Elle s'apprêta à se lever, mais Monda l'en empêcha.

– Attends, je veux te dire autre chose...
– Quoi donc ?
– Sans toi, je...
– Chut !

Pendant que sa grand-mère s'éloignait, Monda s'allongea sur le sable chaud et savoura ces minutes hors du temps. Un peu plus loin, les vagues ourlaient le rivage. Et si elle inventait des lettres d'eau ? songea-t-elle alors. En braille, le A – A comme Amour, par exemple – n'était formé que d'un point esseulé. Mais « en eau », ce serait la crête d'une vague, un cône d'hydromel...

Illustration de Christine Lesueur

Le sport, à vie

de Eduardo Manet

– C'est quoi le sport, papa ?
– Quelle question, mon fils !
– Dis, papa, c'est quoi, le sport ?
– Le sport…

Je me lève. Je fais des gestes de noyé, j'agite les mains, les bras. J'imagine que je fais des grimaces, sans m'en rendre compte, car mon fils me regarde comme si je m'étais subitement transformé en Hulk, Dracula ou le monstre de Frankenstein en personne.

– Le sport, c'est la vie !

La phrase a surgi à mon insu, et j'en suis fier. En quelques mots, je viens de donner la meilleure définition qui soit.

Une phrase que même un enfant de cinq ans peut saisir. C'est ce que je me dis… Mais ce gamin de cinq ans a-t-il vraiment compris ?

Il me regarde. Le visage absolument immobile. Sans ciller. Une bouille toute ronde. Les yeux écarquillés. Le regard fixe. La bouche fait une drôle de moue. Mépris ? Dédain ? Ou simple interrogation ?

Dois-je me préparer à une autre question tout aussi pertinente ? Osera-t-il demander, par exemple : « Et la vie, papa, c'est quoi ? »

Je panique à l'idée qu'il pourrait me la poser. Je caresse légèrement les cheveux en bataille de mon petit garçon. Je souris pour l'amadouer, faire en sorte que tout rentre dans l'ordre.

Toute question mérite réponse.

– Tu es content ? Tant mieux ! Maintenant, mange ton goûter.

Je file à l'anglaise. Je joue les courants d'air. Je me félicite. J'applaudis à mon exploit. Je pourrais représenter, à moi tout seul, mon propre fan-club. Je m'extasie sur mon esprit d'à-propos. En un clin d'œil, j'ai trouvé la réponse appropriée à une question des plus délicates.

– Tu t'en es bien tiré, Arthur !
– Bravo, mon pote.
– T'as le sens de l'à-propos, t'es l'as du tac au tac.
– « Le sport c'est la vie ! » Qui dit mieux ?

Vingt-quatre heures plus tard...

Je déprime. Mon fils boude. Je ne peux pas lui en vouloir. J'en suis sûrement la cause. La déception. La frustration. Je comprends qu'il fasse une tête pareille. Je ne peux vraiment pas lui en vouloir.

Il a dû se dire : « Mon père est un tire-au-flanc. Un mollasson. Un pauvre type. »

Non. J'exagère. Jamais mon fils n'aurait d'aussi vilaines pensées à mon égard. Mais qu'il soit déçu, c'était indéniable. Car il demandait une réponse. LA réponse! Et je me suis contenté de lancer en l'air une bulle pleine de vent, une de ces phrases creuses, passe-partout, convenues. Le cliché des clichés.

« Le sport c'est la vie. »
« La vie c'est le sport. »
« Vive le sport! »

Il va donc falloir que je me dédouble, comme à chaque fois que je me trouve confronté à un problème philosophique de taille. C'est une manie chez moi, ou plutôt une technique qui remonte à l'enfance.

Tout a commencé le jour où je me suis regardé dans un miroir et que je me suis mis à parler à mon reflet. Je lui demandais quelque chose et l'image dans la glace me répondait. Ce fut le début d'une longue conversation avec moi-même. C'est aussi de cette façon que j'ai appris l'anglais. Je disais, par exemple:

– *My tailor is rich.*

L'image répondait:

– *I am your tailor.*

Et j'enchaînais:

– *So you're rich!*

Plus tard, vers l'âge de treize ans, je n'ai plus eu besoin de miroir. J'avais développé une technique imparable. Je m'étais transformé en super master dans l'art d'être moi et mon double en même temps.

Par exemple.

Imaginez un parc, en face du lycée, dans la ville tropicale où j'ai fait mes études secondaires. C'est la pause entre deux cours. Je choisis de m'isoler sur un banc discret dans le jardin, à l'abri des regards. Car j'ai un grave problème à résoudre. Je suis amoureux de deux jeunes filles à la fois. Je sais bien qu'il est hors de question d'avoir deux fiancées. En classe, ces deux-là sont toujours assises côte à côte, et tous les jours j'ai sous les yeux ce bouquet de filles soudées comme les deux oreillettes d'un même cœur. J'ai encore présente à l'esprit l'histoire d'un garçon de ma classe, plus âgé que moi, qui se vantait de courtiser deux demoiselles en même temps. La vérité a fini par arriver aux oreilles des filles. L'embrouille. D'un commun accord, elles ont décidé que le scélérat méritait une bonne correction. Elles ont cueilli leur amoureux à la sortie du lycée. Une des filles l'a giflé sur la joue gauche pendant que l'autre le giflait à droite. Le garçon s'est couvert de ridicule.

Riche de cette expérience, je décidai donc de m'asseoir sur ce banc un peu à l'écart de mes camarades pour réfléchir à la question, et voir comment je pourrais me sortir de ce cruel dilemme.

« Carole est brune. Gladys est blonde. Laquelle choisir ? »

Je me levai, fis quelques pas, poursuivant ma méditation.

« Quand elle te regarde, Carole sourit ; Gladys, par contre, ne sourit que rarement. »

J'allai m'asseoir un peu plus loin, à l'ombre d'un buisson d'hibiscus.

« Minute ! Si ses lèvres restent impassibles, les yeux de Gladys brillent et sourient quand ils croisent les miens. »

Ainsi je passai l'après-midi à discuter avec moi-même pour en arriver à la conclusion que j'étais incapable de choisir entre les deux élues de mon cœur et qu'il vaudrait mieux me concentrer sur les mathématiques, qui étaient une réelle source d'angoisse et un souci permanent pour moi.

Des années après, je n'avais plus besoin de miroir ni de bancs pour discuter avec mon double. Plus besoin non plus de parler à haute voix. Les choses se passaient désormais « à l'intérieur ». J'écoutais l'exposé du professeur tout en engageant une discussion passionnée avec moi-même dans la chambre noire de mon crâne. Personne ne pouvait m'accuser d'être distrait ou indiscipliné. J'affichais un visage serein alors que l'orage grondait dans ma tête. C'était le chaos dans mes neurones.

Ce jour-là, donc, je décidai de mettre en pratique ce savoir-faire éprouvé pour aller plus avant dans la discussion et tenter de répondre aux attentes de mon adorable bambin.

Assis dans un fauteuil confortable, voici à peu près la discussion qui s'engagea entre mes deux moi.

Moi 1 :

– Explique-moi exactement ce qu'est le sport pour toi, mon grand ?

Moi 2 :

– Simple comme bonjour ! Faire du sport, ça consiste à nager, courir, se dépenser d'une manière ou d'une autre, marcher, faire des poids et haltères, boxer, pratiquer le tennis, le stretching, le jogging, faire de la gymnastique, du karaté, du judo, de la course de fond... tu en veux encore ?

Moi 1 :

– Arrête ! Tu me donnes le vertige. Je ne t'ai pas demandé de me faire l'inventaire des sports sur le marché. Tu n'as pas répondu à ma question. Pense un peu à ce que tu dis.

Moi 2 :

– Penser ? Tu te souviens de l'histoire de Porthos ?

Moi 1 :

– Portos ?

Moi 2 :

– Le copain d'Athos et d'Aramis, sans oublier d'Artagnan, bien sûr.

Moi 1 :

– Les mousquetaires... Porthos, et alors ?

Moi 2 :

– Il courait sous une voûte, soutenue par de grosses colonnes.

Moi 1 :

– Une cathédrale ?

Moi 2 :

– Peu importe le lieu, je te dis. Ce qui est important... c'est qu'au même moment, la terre s'est mise à trembler. Et que Porthos a couru pour sauver sa peau. Il était prêt de la sortie quand, soudain, Porthos a commencé à réfléchir. « Quel est ce mystère ? se dit-il. Par quel miracle ma jambe suit-elle mon autre jambe, permettant à l'être humain que je suis de marcher ou de courir ? » Le toit menaçait de s'effondrer. Porthos, plus fort que cent bœufs de labour, les bras en croix, appuya ses mains contre les colonnes pour empêcher l'édifice de s'effondrer. Et il continua à penser...

Moi 1 :

– Et alors?

Moi 2:

– Alors, rien. Malgré son courage et sa force de titan, la voûte finit par céder et le mousquetaire fut enseveli sous les décombres. Ne me demande pas de penser!

Moi 1:

– Et alors? Quelle est la morale de ton histoire?

Moi 2:

– Justement, il n'y en a pas. C'est une histoire amorale. Ou, si tu préfères... la leçon à tirer de cette histoire, c'est que lorsque la terre tremble, mieux vaut prendre ses jambes à son cou et courir! Si Porthos avait couru au lieu de réfléchir, il n'aurait pas été enseveli sous les pierres.

Moi 1:

– Tire-toi avant que je me fâche. T'es un gars trop compliqué, numéro 2.

Moi 2:

– Je sais. Mais où veux-tu en venir, numéro 1?

Moi 1:

– A la question que mon fils m'a posée.

Découragé par cette discussion stérile, je laissai tomber mon double, redevenant mon seul sujet. C'est alors que l'idée m'est venue d'interroger mon corps. Car qui, mieux que le corps, peut comprendre ce qu'est le sport?

Moi:

– Salut! Comment vas-tu, mon corps?

Corps:

– Pas mal. Et toi?

Moi:

– Pas mal. Disons... que tout va bien. Même très bien.

Nous avons ri un moment de cette entrée en matière cordiale. Puis, je suis revenu à la charge.

Moi :

– Comment se fait-il que tu te portes aussi bien ? Quel est ton secret, dis-moi ?

Corps :

– C'est grâce à toi, Arthur. Si ma mémoire est bonne, c'est bien toi qui as décidé quand tu étais adolescent qu'il fallait se bien porter pour vivre bien, c'est toi – tu ne diras pas le contraire – qui ne jurais que par ces mots, « un corps sain dans une tête bien faite ». Voilà le résultat. Le cerveau dirige et le corps obéit. Tu t'en souviens ?

Moi :

– Dame ! Oui ! J'avais quinze ans. Je me regardais nu devant la glace. Pâle. Maigrichon. Le dos rond. Des épaules tombantes. Un petit ventre disgracieux.

Corps :

– Et fou amoureux de deux beautés.

Moi :

– Oui ! Ces divines créatures passaient à côté de moi sans me voir. En un mot, j'étais l'ado transparent, le garçon qu'on ne remarquait pas. C'est alors que ma tête, mon cerveau m'a dit...

Cerveau :

– Fais du sport, mon gaillard. Cours. Nage. Monte à cheval. Lève des poids. Et puisque tu habites au cinquième étage, profites-en tout simplement pour descendre et monter à pied les étages plusieurs fois par jour. Tu vas voir. Tu mangeras moins. Tu dormiras mieux. Et tu feras de beaux rêves.

Moi :

– Des rêves remplis d'adorables jeunes filles se pâmant devant moi ?

Cerveau :

– Possible. Mais souviens-toi : les demoiselles n'aiment pas les garçons avec un teint de cafard et des bras maigrichons.

Moi :

– Tu parles comme à la télévision, cerveau. Il faudrait donc être beau, grand, fort et bronzé pour être aimé ?

Cerveau :

– La télévision dit ça pour vendre des produits de beauté. Ce que je te propose est différent. Devenir fort, être en bonne santé pour avoir le cerveau qui tourne à plein régime, brillant, rapide, intelligent. Est-ce que tu veux suivre mes conseils ?

Moi :

– Puisque tu me le demandes. Dirige-moi, cerveau, je t'obéirai.

Corps :

– Eh bien, écoute-moi, Arthur. Pour commencer, il faut te nourrir convenablement, manger juste ce dont tes muscles ont besoin.

Moi :

– Adieu sucreries, chocolats et gâteaux ! Boire de l'eau minérale et des boissons non alcoolisées. Ou du très bon vin, avec modération. Respecter une alimentation équilibrée et variée. Bouger, être toujours en mouvement. Notre corps n'est pas fait pour la sédentarité. Préférer la marche à pied à la voiture, ou courir pour attraper un autobus. Monter des marches. Agir... C'est le secret, mon corps.

Corps :

– Quel âge as-tu, Arthur ?

Moi :

– Quatre-vingt-quinze ans, dans quelques jours.

Corps :

– Et ta douzième femme attend son deuxième enfant.

Moi :

– Tu vois bien. Le sport, c'est la vie !

Corps :

– En partie, Arthur. En partie seulement. Disons plutôt que pratiquer le sport à vie est une manière passionnante de passer le temps.

Moi :

– C'est donc le message que tu voulais transmettre à ton bambin de cinq ans ? Et, à propos, cher corps, dis-moi, combien d'enfants as-tu ?

Corps :

– Celui-là, c'est le soixante-quinzième, Arthur. N'oublie pas que le livre des records t'a élu « l'homme le plus prolifique de l'histoire de l'humanité ». Il y aura une grande fête pour célébrer cet exploit.

Moi :

– Et nous allons danser, crois-moi !

Corps :

– Pour danser, nous allons danser, c'est moi qui te le dis !

Just do it!

de Susie Morgenstern

C'était pas la peine ! C'était tellement pas la peine que c'était déjà pas la peine avant même que je ne sois née. Ma mère me le répétait quotidiennement quand je venais lui dire en pleurant après l'école que personne ne me voulait dans son équipe de base-ball, ni de basket-ball, ni de football ou autres ballons pitoyables. Elle me disait d'un ton supérieur et hautain, exactement comme pour les maths : « Nous on n'est pas faits pour ça ! Laisse tomber ! »

La seule façon de laisser tomber dans mon école, où les sportifs étaient des dieux, était de me tuer, car tous les jours l'humiliation recommençait. Aux USA, on n'allait pas à l'école comme dans les pays où l'Éducation nationale contient le mot et l'idéal, le programme et le rêve, l'aspiration et la transpiration. Éducation ! On n'avait pas de sac ou de cartable bourré de livres, de cahiers, outils et fournitures pour creuser la mine d'or du savoir. Non, on avait dans une main la raquette et dans l'autre la batte de base-ball. L'école ce n'est pas la mine. *Don't worry! Be happy!*

Mais mon seul sport c'était la lecture et j'étais championne de la classe. Il y avait un tableau avec tous les noms et chaque fois qu'on lisait un livre et qu'on faisait un compte rendu, on gagnait un autocollant en forme d'étoile dorée à côté de son nom. J'étais tellement loin devant dans cette course à étoiles qu'il n'y avait même plus de place. Je brillais aussi dans les concours d'orthographe (*spelling bees*) et j'avais pas mal de prestige dans l'école en tant qu'intellectuelle... jusqu'au moment où l'on composait ces maudites équipes.

Ma mère n'avait pas la moindre envie de me faire aider : que ce soit pour des leçons particulières de maths ou des leçons de sport. Ses trois patates, mes sœurs et moi, on avait bien mieux à faire que de chasser un ballon ou courir d'une façon disgracieuse.

J'avais pourtant tout ce qu'il faut, tout ce qu'avaient les autres : deux jambes, deux bras, dix doigts de pied et tout le reste. Mes os, mes muscles étaient cependant infiltrés de particules de plomb. Où était le cerveau, ce grand chef commandant, qui me refusait l'entrée dans la bande ?

Moi j'étais une bande à part, lourde, triste, pas détestée, même respectée pour mes prouesses orthographiques. Et puis venait l'heure où tout le monde était autorisé à se moquer de moi à cœur joie.

« Dieu ! », maman l'invoquait souvent celui-là, sans vraiment y croire, « Dieu t'a regardée et il a dit : "Je musclerai son cerveau, mais pas le reste car une personne ne peut pas avoir tout." »

Il y avait une quantité de consolation à la maison pour mes tares dans le stade. Mes sœurs étaient pareilles que moi – des paralysées des jambes et des bras – mais pires puisqu'elles n'étaient ni sportives, ni intellectuelles. Mais qu'est-ce qu'elles étaient belles! Ça aide!

Disons honnêtement que je ne souffrais pas outre mesure de ma faiblesse sportive. D'après mes parents qui me le rappelaient matin, midi et soir, j'avais un toit, je mangeais à ma faim (et au-delà) et il n'y avait pas de pogroms en Amérique. J'avais en outre des parents, une famille dévouée et je vivais dans un pays démocratique, et même le pays le plus démocratique au monde. Un pays où tout le monde pouvait devenir président des États-Unis! On pouvait tout faire, tout réussir dans ce pays où les rues étaient pavées d'or. Alors pourquoi n'arrivais-je pas à frapper cette brute de ballon avec ce crétin de bâton?

OK, je ne mourrais pas de ce manque... jusqu'au jour où je suis entrée au lycée, Belleville High School. Là ma réputation de première de la classe me procurait une véritable auréole. Tous les profs (sauf le prof de maths) étaient au courant. Mais là aussi, la gym n'était pas simplement une récréation, c'était une matière... avec une note susceptible de baisser ma moyenne!

L'apartheid pratiqué à l'époque aux cours de gym faisait que les filles et les garçons étaient séparés. Il y avait une tenue de gym qu'il fallait acheter, mais moi, je l'ai héritée de ma grande sœur qui, elle, l'avait déjà héritée de ma sœur aînée. Je pense que si une Française avait été contrainte de porter cette horreur, elle aurait fait grève. C'était fait d'une seule pièce, bleu foncé boutonné devant, manches courtes et short avec des élastiques dans l'ourlet qui donnait l'effet de deux ballons autour des cuisses. En ce qui concerne cette monstruosité, il y avait une discipline militaire. Il fallait que le *gymsuit* soit impeccable : lavé, amidonné, repassé. Et ça trois fois par semaine. La plupart des filles possédaient au moins trois de ces uniformes hideux, mais pour moi, la bourse familiale ne permettait que cette loque unique, multipliée par trois crises par semaine : *Mom, my God, my gymsuit !* Et maman, comprenant l'urgence et la disgrâce éventuelles, se mettait à minuit à laver, à repasser, à amidonner l'épave bleue, à tel point qu'on aurait dit qu'il y avait un corps dedans avant l'heure. C'était si rigide que c'était plus efficace qu'une ceinture de chasteté, sauf qu'à cette époque la morale ambiante servait à ce but.

Il fallait courir aux vestiaires, se changer et entrer dans un immense gymnase faire les exercices d'échauffement. La prof de gym, Miss Thomson, vieille fille maigre, musclée, sèche, cheveux courts, et sans doute lesbienne avant la mode était sévère et sérieuse. On ne plaisantait pas avec la gym ! Et elle m'aimait. J'étais son chouchou. Elle voyait les efforts que je faisais, à quel point je m'appliquais, je me concentrais en essayant d'imiter les mouvements de l'enchaînement qu'il fallait apprendre pour notre examen de fin d'année.

Tout allait bien. Je n'arrivais pas à me plier en deux pour toucher les orteils, mais Miss Thomson fermait les yeux. Là où la chose se gâtait, c'est quand, en pleine routine, la musique de *Let me call you sweetheart* battait son plein, on devait faire une roulade, se remettre sur pied et continuer à agiter les bras et le torse comme si de rien n'était.

Cette roulade, je n'aurais pas pu la faire pour sauver ma vie. D'ailleurs ma vie ne valait pas la peine d'être sauvée. Je voyais les autres filles, les minces, les grosses, les belles, les invisibles, les moches, les pires cancres, les putes, toutes! Et hop! Petite roulade de rien du tout et en avant la musique. Ma mère me disait d'ailleurs, que même bébé, je n'avais jamais tenté l'exploit, alors que tous les bébés savent le faire.

Je me mettais sur le sol du gymnase, j'enfonçais la tête entre mes cuisses comme les autres, mais rien ne roulait.

Miss Thomson me prenait à part et poussait de toutes ses forces sur mes fesses. Après l'école, elle recrutait une armada de profs de gym et ils poussaient, tiraient, m'encourageaient, mais lesdites fesses restaient immobiles. Ma mère, mes sœurs, toutes essayaient de me faire faire cette maudite roulade.

Mes rêves étaient remplis de roulades parfaites et de tours de force physiques. Je ne voulais rien de plus au monde que de faire une roulade. Mais il fallait se rendre à l'évidence de mon corps inflexible: j'étais une handicapée de l'éducation physique et sportive.

Ma mère n'arrêtait pas ses « T'en fais pas! Ça ne va pas t'empêcher de trouver un mari. »

Miss Thomson a fait un arrangement spécialement pour moi... sans roulade et j'ai eu la note convenable d'une pistonnée.

Mais les pistonnées connaissent dans leur for intérieur leurs défaillances. Le mari éventuel le saura aussi. Sans doute, la marche nuptiale à mon mariage sera cette malédiction de chanson qui me poursuivra pendant toute ma vie :

Let me call you sweetheart
I'm in love with you
Let me hear you whisper that you love me too
Keep the lovelight glowing in your eyes so true
Let me call you sweetheart
I'm in love with you

Let me call you sweetheart
I'm in love with you
Let me hear you whisper that you love me too
Keep the lovelight glowing in your eyes so true
Let me call you sweetheart
*I'm in love with you**

Roulade ou pas roulade, un miracle frappa. Miss Thomson a assisté à un cours à la piscine et a pu constater que je pouvais au moins faire une chose de mon corps : nager. Je n'avais jamais considéré la natation comme un sport puisque *je* savais le faire. J'adorais être dans l'eau. On est léger dans l'eau. On flotte sur la surface du bonheur, on est ailleurs, loin de la composition des équipes et des notes et la rivalité et la course. Je nage au milieu d'un nuage de barbe à papa. Tout est doux et calme.

Miss Thomson a eu un déclic. Elle m'a fait entrer dans le club de ballet aquatique. Là enfin j'étais une danseuse étoile, je gardais le rythme, j'avais de la grâce, je pouvais tout faire dans les enchaînements. Une diva de la piscine. Et là, au milieu de cette énorme flaque d'eau qui s'étalait sur 50 mètres de long et 25 de large, j'ai réussi à faire des roulades à gogo !

* de Beth Slater Whitson et Leo Friedman.

Baisse la tête, t'auras l'air d'un coureur

de Jean-Paul Nozière

– Je te préviens, Fanfan, c'est le dernier ! m'avertit papa en retirant le drap qui cache la bicyclette, cadeau de ma première communion.

Un Gitane. Une vraie bécane d'adulte, avec trois vitesses, guidon de course habillé de guidoline, la gourde pour grimper les cols et surtout ces pneus fins dont je rêvais à la place des roues de tracteur de mes précédents vélos.

J'ose à peine toucher cette merveille.

L'avertissement de papa se comprend. A onze ans, j'en suis à ma quatrième bécane. La première, en miettes. J'avais quatre ans. Elle a dévalé les escaliers de la cave, avec moi dessus.

– Freine, Fanfan, bon Dieu freine ! hurlait mon cousin qui m'apprenait à tenir sur l'engin.

Impossible. Les freins sont trop loin de mes mains, mes mains trop paralysées par la cour qui fonce en pente raide vers les escaliers de la cave et ma bécane répond trop au grisant appel du vide.

J'ai échangé la deuxième contre un lapin intelligent. Le gamin du cirque, monté sur la place de l'école, promettait que je gagnerais des fortunes avec sa bestiole savante. Le cirque est parti, mon vélo l'a suivi et on a mangé le lapin. Il était bon.

La troisième est au fond du Doubs, une rivière nerveuse et profonde.

– Je rêve ! a hurlé papa. Mettre un vélo sur une barque pour aller te balader de l'autre côté du Doubs ! Tu ne sais même pas nager !

Le vélo ne savait pas non plus.

Je commence l'entraînement le jour même du cadeau.

Pas de temps à perdre : le Tour de France passe dans deux mois à 20 kilomètres du village et j'ai l'autorisation d'aller le voir, seul, à bicyclette. Fabuleux ! J'applaudirai Louison Bobet, mon héros, le vainqueur du Tour de l'année dernière. J'ai l'intention de devenir le futur Louison Bobet. Ou alors Fausto Coppi. Un Italien, bon c'est dommage, mais un champion extraordinaire quand même. Ou d'autres. Quand je pédale, j'oublie tout, je deviens le héros qui arrive en tête en haut du col, celui qui gagne l'étape, celui qui rattrape tous les autres malgré un coup de pompe et surtout celui qui gagne le Tour. Je deviendrai le plus grand des plus grands champions cyclistes. Certain.

Pas cette année, mais bientôt.

– Fanfan, baisse la tête, t'auras l'air d'un coureur ! braille le boulanger.

Le terrain facilite mon entraînement.

Une rue en pente, d'un kilomètre de long, qui débouche devant l'école, ma maison. De chaque côté, le village. Tout le monde connaît Fanfan, l'enfant en z sur une bécane qu'il ne quitte jamais. Tout le monde rigole en encourageant le futur Louison Bobet sur son Gitane à trois vitesses.

– Baisse la tête, t'auras l'air d'un coureur! crie le maire.

Je baisse la tête. Je n'ai pas l'air d'un coureur, je suis un coureur.

– Baisse la tête, Fanfan, t'auras l'air d'un coureur, rigole à son tour l'épicière, dont les énormes cuisses n'ont sûrement jamais pédalé de leur vie.

Tant pis pour mes poumons déchirés. J'enclenche les vingt et une dents du petit pignon. Louison Bobet tire quoi, lui? Treize dents? Moins? Pour monter sur le podium, il faut mettre la gomme.

– Baisse la tête, t'auras l'air d'un coureur! se marre le gros Bertet, le paysan qui conduit son premier tracteur.

Il me double et gueule depuis son engin:

– Prends mes roues, Fanfan, t'auras pas le vent! Allez, fonce Louison!

Se fout de moi, le ventru. Je vais lui montrer. Je baisse la tête. Plus qu'il ne faudrait et je fonce aussi plus qu'il ne faudrait. Le problème avec mon Gitane, c'est que j'ai les fesses trop hautes sur la selle et les jambes trop courtes pour les pédales. Je me déhanche au maximum, assez pour vexer le gros Bertet que je redouble.

– Tu ressembles à une autruche, Fanfan! Baisse la tête mon gars, on verra moins ton cul!

Je baisse la tête, les mains soudées aux crochets du guidon. Je déroule le petit pignon, ça va de soi. Le goudron de la route défile entre mes jambes. Vertigineux! En bas de la rue, débouche un chemin de terre, interdit à la circulation, mais le cousin du gros Bertet l'ignore car il en sort, juché sur une bécane grosse comme un tank. Quand le Gitane lesté de Louison Bobet percute le molosse de fer, j'entends le gros Bertet hurler :

– Saligaud! Ce saligaud de Fanfan a tué mon cousin!

Le cousin est indemne. Même pas une égratignure. A peine a-t-il vu les portes de l'enfer s'entrouvrir quand les roues du tracteur se sont approchées à 10 centimètres de son ventre. Le gros Bertet, occupé à brailler « saligaud de Fanfan », a appuyé tard sur les freins.

Moi, le lendemain, enduit de mercurochrome, je ressemble à un Père Noël en avance et sans la hotte des cadeaux. Je descends la rue à pied. Le Gitane est mort. Cadre brisé.

– TER-MI-NÉ! crie papa. Fanfan, fini la bicyclette, c'était le dernier vélo de ta vie! (Papa se trompe : aujourd'hui, adulte depuis longtemps, j'en suis à ma vingt-deuxième bécane.)

Papa est instituteur. Quand il s'adresse à un élève en scandant ter-mi-né, tout le monde comprend que c'est TER-MI-NÉ jusqu'à la fin du monde. Maman est aussi institutrice, mais elle parle beaucoup moins depuis qu'elle m'a vu allongé dans mon sang au bord de la route, avec tous ces gens autour qui chuchotaient et même la soutane noire du curé qu'elle croyait en train de m'administrer les derniers sacrements.

Ter-mi-né !

Au début, les villageois plaisantent en me donnant un nouveau surnom.

– Hé, Fanfan p'tit vélo, ter-mi-né l'entraînement ?

Le Tour de France passe dans moins d'un mois. Je perds l'appétit. Louison Bobet, maintenant c'est foutu ! Les muscles de mes cuisses commencent à fondre sous les couches de mercurochrome.

– Plus de vélo, jamais et le Tour de France, ter-mi-né aussi ! me torture papa, jour après jour.

Le gros Bertet est le premier à venir à la maison.

– M'sieur l'instituteur, Fanfan n'y est pour rien. Je l'ai poussé à foncer, alors vu qu'il n'y a pas de casse...

– Pas de casse ! rugit papa. Un Gitane à vingt mille francs ! Bernard, tu te fous de moi ?

Au village, presque tout le monde appelle papa « m'sieur l'instituteur » et papa appelle presque tout le monde par son prénom, parce que presque tout le monde a défilé ou défilera dans sa classe.

Après le gros Bertet, c'est le boulanger qui est venu à la maison, puis beaucoup d'autres et personne ne rigolait en frappant à la porte. C'est Joseph, le maire, qui a gagné la partie. Il est le seul à tutoyer papa et à l'appeler René.

– René, tu ne peux pas empêcher le gosse d'aller en bécane voir passer le Tour de France. Il ne pense qu'à ça depuis des mois. Et tu peux pas l'empêcher d'avoir un vélo. Fanfan sans vélo, il est comme... comme...

– Ter-mi-né, Joseph ! assène papa, avec les yeux de l'instituteur qui fusille un cancre.

– Mais Fanfan sans vélo, il est comme... comme un cul-de-jatte ! s'emporte Joseph.

Cul-de-jatte. Il y en a un au village. Il vient parfois à la boulangerie et on le voit descendre la rue en pente dans son chariot à roulettes. Papa pâlit. Murmure, épouvanté : « Fanfan, cul-de-jatte ? »
Joseph a gagné.
– Et le vélo ? s'inquiète maman.
– Le Tour, d'accord, mais un nouveau vélo il n'en est pas question ! s'énerve papa. Un vélo, TER-MI-NÉ !
Ce samedi-là, Joseph célèbre un mariage en mairie. Il est pressé.
– Bon, bon, je prêterai mon Peugeot à Fanfan.

Le Peugeot de Joseph est un bijou. Rouge coquelicot, cinq pignons, deux plateaux. Et la gourde, pour grimper les cols. Le maire ne l'utilise qu'une fois par semaine quand il fait sa ronde autour du village.
– Prends-en soin, Fanfan p'tit vélo, gémit Joseph, au moment du départ. Je devine qu'il regrette sa générosité.
Il a raison.
Louison Bobet a gagné le précédent Tour de France à 34 kilomètres/heure de moyenne. Les dix vitesses du Peugeot avaleront sans peine les 20 kilomètres me séparant du lieu où passent le Tour et Louison. Je me le répète en pédalant, mais je manque cruellement d'entraînement. Je voudrais vous voir tirer un 45x19, soit 5 mètres de route par coup de pédale !
J'arrive en bouillie, dépose ma bécane sur le parking à vélos et parviens presque en rampant aux barrières de protection derrière lesquelles se tiennent les spectateurs.

– Il y a une échappée ? Le peloton est encore loin ?

La femme à côté de moi m'observe en rigolant.

– Ils sont déjà passés, petit. Il ne reste plus qu'une dizaine d'attardés.

Elle me regarde encore, sans rire cette fois.

– T'es malade, petit ? T'es tout violet.

Un moment plus tard, je suis le seul spectateur derrière les barrières. Fanfan p'tit vélo n'a plus de jambes, plus de souffle, plus de force et une fringale à avaler un mammouth, malgré le paquet de figues sèches dévorées sans respirer, et justement, quand j'accède au parking, c'est un mammouth d'acier que j'aperçois à la place du Peugeot rouge. Un engin d'épouvante, au moins 30 kilos de ferraille avec des garde-boue blindés et un siège-bébé vissé au porte-bagages, sans le bébé qui va avec, Dieu merci. Le voleur qui a échangé les bécanes a su apprécier les différences !

Mon retour dure des siècles. Je ne suis pas pressé. A chaque coup de pédale, j'entends papa qui me parle.

– TER-MI-NÉ !

– TER-MI-NÉ !

On dirait qu'un vent furieux me hurle dans les oreilles.

Joseph, lui, je ne l'entends pas, mais je le vois comme s'il était le goudron de la route sous les roues de la bécane pourrie. L'addition s'est allongée d'une façon dramatique : deux vélos à remplacer.

Mon avenir cycliste est bel et bien terminé.

Joseph a tiré une de ces têtes en voyant ce que je lui ramenais. Puis, il a essayé de sourire et a grogné :

– Bof, pour ce que j'en fais, ça ira quand même. Te bile pas Fanfan. Papa et maman l'ont alors regardé avec leurs yeux d'instituteurs épatés par un élève exceptionnel et ils ont commandé ma sixième bécane.

Épilogue d'une histoire vraie :
Je ne grimpe pas les cols, mais j'ai conservé la passion de la bicyclette. Je sais qu'il n'est pas nécessaire d'être un champion pour éprouver le plaisir immense d'être sur un vélo, au pied d'une côte qu'on pense infranchissable et pourtant se dire : « J'y arriverai, si, j'y arriverai... comme les champions que j'ai tant admirés. » Et d'y arriver ! Être en haut, se retourner, voir la pente vaincue : quel bonheur ! Quel bonheur de rouler sur de petites routes, au milieu des forêts. Ou ailleurs, peu importe. Vos jambes avalent les kilomètres, parfois c'est difficile, mais au retour, on se sent si bien. Si heureux. Et on est champion à tous les coups !

Jeu, set et match

de Mikaël Ollivier

Cédric servait pour le match.

Il regarda son adversaire de l'autre côté du filet et sut qu'il allait gagner. Il le sentait depuis le début du troisième set, mais là, au moment de se mettre en position pour servir, il en eut la certitude.

Son père était cuit, lessivé. Jambes écartées, ses chaussettes couvertes de terre rouge collée par la sueur, il avait le poids du corps sur les talons.

Combien de fois avaient-ils joué l'un contre l'autre ? Chaque dimanche matin depuis… depuis huit ans.

C'était son père, professeur de tennis de leur club, entraîneur et directeur technique des équipes junior et senior, qui lui avait appris à jouer. Cédric se souvenait de ses conseils, de sa grosse main sur la sienne quand il corrigeait sa prise sur le manche de la raquette, de sa patience quand il lui envoyait lentement les balles et de ses encouragements même quand il les manquait et fouettait le vide.

– Regarde ta balle ! lui répétait-il sans fin. Ce sont tes yeux qui dirigent ton bras.

Cédric avait maintenant quinze ans et, pour la première fois, il était en position de le battre. 6/7, 6/4, 5/2... Un match acharné. Durant les deux longs premiers sets, aucun des deux joueurs n'avait voulu concéder un seul point, comme si leur vie en dépendait, puis l'équilibre avait basculé dès le premier jeu de la troisième manche lorsque l'adolescent avait fait le break et n'avait plus cessé ensuite de dominer.

Il prit une bonne inspiration, mit une balle dans la poche de son short et garda la seconde en main. Il positionna le bout de son pied gauche juste derrière la ligne blanche, sa jambe droite en retrait, légèrement perpendiculaire au court et fit rebondir quatre fois la balle au sol. C'était sa manière de se concentrer, une astuce, presque une superstition qu'il avait trouvée lui-même et à laquelle il tenait particulièrement parce qu'elle ne venait pas des innombrables conseils donnés par son père. Il faisait toujours cela en tournoi dans les moments importants : si les quatre rebonds touchaient la ligne, il ferait un ace.

La main qui tenait la balle soutint le cadre de la raquette quelques secondes pour un léger mouvement de balancier, le temps que le corps trouve son équilibre. Puis les bras s'écartèrent l'un de l'autre, la main gauche montant vers l'avant alors que le poids du corps passait sur la jambe arrière. Cédric se souvint des instructions de son père à ses débuts : lancer la balle jusqu'au ciel, la raquette qui doit faire une boucle dans le dos jusqu'à frôler les fesses et l'impulsion qui doit partir des jambes.

La balle claqua, blanchit la ligne médiane de l'autre côté du filet et fit trembler le grillage du fond du court avant que son adversaire n'eût le temps de faire un seul mouvement.
15-0.

Michel était resté planté sur ses talons. Il se redressa et traversa d'un pas lourd le terrain vers la gauche pour y attendre le deuxième service.

Il savait qu'il allait perdre. Il l'avait compris en remportant la première manche au tie-break. Il avait su, à l'instant, que plus jamais de sa vie il ne prendrait un set à Cédric. C'était ainsi : à quinze ans, on franchissait des étapes pour ne plus reculer. Il avait lui-même éprouvé cette règle trente années plus tôt.

Michel n'avait jamais été nostalgique de son enfance ni de son adolescence, mais ce dimanche matin, pour la première fois, il regrettait sa jeunesse. Il n'avait que quarante-cinq ans, il était en pleine forme physique, encore classé 3/6, certaines de ses élèves d'à peine vingt-cinq ans le trouvaient très séduisant et le lui faisaient comprendre, mais plus jamais il ne battrait son fils au tennis.

Perdre contre Cédric n'était pas le problème, c'était même plutôt une victoire puisqu'il lui avait tout appris, mais c'est ce que symbolisait ce résultat qui lui serra le cœur. Il était rendu sur l'autre côté du versant de la vie, celui de la descente. Il avait atteint un âge où on ne progresse plus. C'était incontournable et si, comme tout le monde, il s'y attendait depuis toujours, cela n'empêchait pas la brutalité de certains rappels de cette loi naturelle. Michel ne sentait plus dans ses veines cette force ascendante qu'il devinait derrière chaque geste de Cédric qui, comme toujours dans les moments tendus des matchs, fit rebondir quatre fois sa balle avant de servir, une manie qui l'avait toujours énervé.

Cette fois, Michel sautilla sur place, une jambe après l'autre, souplement, sans quasiment détacher les semelles du sol, comme il l'avait si souvent conseillé à ses élèves et à son fils. Il voulait se battre jusqu'au bout. Pas pour lui mais pour Cédric, pour que sa victoire soit encore plus belle.

Le service claqua et Michel tenta le tout pour le tout, comme un gardien de but sur un penalty. Il se lança vers la balle et intercepta sa trajectoire peu après le rebond, plaçant un improbable retour le long de la ligne.

– Bien joué ! lui lança son fils.

C'était de trop. Des mots en trop. Ce n'était pas « bien joué », c'était de la chance. Michel le savait, Cédric le savait. Le garçon avait voulu être gentil avant de battre son père et cette attention, dans le contexte de cette fin de partie, était involontairement cruelle.

15-A.

Cédric était content que son père ait pris ce point. Il n'aurait pas aimé terminer sur un jeu blanc.

Il était excité, étouffant presque sous l'euphorie qui le gagnait. Il se sentait invincible, et il l'était. Il avait tant admiré Michel depuis toutes ces années qu'il le voyait donner ses leçons sur le court n° 3, distribuant les balles à droite et à gauche avec nonchalance, le poignet souple, affichant cette aisance propre à ceux qui ont atteint un niveau de jeu suffisant pour oublier la technique. Il l'avait aussi beaucoup regardé quand il entourait la taille des jeunes femmes pour corriger leur position et accompagner leur mouvement ou, avec une pointe de jalousie, quand il entraînait les meilleurs joueurs de l'équipe junior dont l'un, Mathias Larue, trois ans plus tôt, était allé jusqu'aux qualifications à Roland-Garros.

Ce matin, il allait le battre. Désormais, il était le plus fort, le meilleur joueur de la famille.

Cédric se concentra un instant, lança la balle de la main gauche au-dessus de sa tête et frappa. Trop fort, trop vite. Le coup fut stoppé par la bande du filet. Un dimanche comme un autre, Michel lui aurait dit que la précipitation ne valait rien au tennis. Mais ce matin il se tut.

Cédric se remit en position, sortit sa seconde balle de sa poche et décida de la lifter le long de la ligne médiane pour toucher le point faible de son père. Service-volée, haut sur le revers de Michel qui ne put que lui retourner un cadeau : une volée de coup droit qu'il n'eut qu'à déposer à contre-pied.

30-15.

Michel essuya sa main pleine de terre battue sur son polo, agacé d'avoir failli chuter devant Cédric mais aussi d'avoir jeté un rapide regard alentour pour vérifier que personne ne l'avait vu. Quelle importance ? C'était aussi stupide que d'essayer de cacher sa calvitie naissante en se peignant chaque matin devant la glace de la salle de bains. Michel n'était pas coquet, il ne se souciait pas particulièrement de vieillir et pourtant, il ne pouvait s'empêcher d'être contrarié chaque fois qu'il apercevait la peau rose de son crâne sous ses cheveux.

Une image mentale en chassa une autre, avec la brusquerie et le désordre apparent dont usent les idées : il revit Cédric, un an plus tôt, se tenant sur la pointe des pieds pour montrer qu'il était presque aussi grand que son père. Maintenant, il le dépassait nettement. Maintenant, il était sur le point de le battre au tennis.

Cédric était un garçon brillant et joyeux, un fils facile qui faisait l'orgueil de ses parents. Il comprenait vite, parfois plus que Michel depuis quelque temps, comme en informatique ou en tout ce qui touchait l'électronique à la maison. C'était lui qui installait les nouveaux logiciels sur l'ordinateur, écrivait le plus vite les textos ou qui maîtrisait toutes les options du lecteur DVD alors que son père n'en retenait que les fonctions basiques. Le tennis était l'un des derniers bastions de Michel, l'ancien *première série*, le professeur, le père.

Il se jouait beaucoup plus sur le court n° 3 qu'une simple partie de tennis.

Un nouvel ace. Michel s'en voulut : s'il ne s'était pas tant apitoyé sur lui-même et sur son cuir chevelu, il aurait pu intercepter le service de son fils et, pourquoi pas, remonter au score.

40-15.

Deux balles de match.

Cédric savait qu'il n'en aurait besoin que d'une. Avant de prendre position, il leva la tête et regarda autour de lui le décor si familier du club de tennis. Il voulait profiter de l'instant, le graver dans sa mémoire. Il était en train de vivre une minute que ni lui ni son père n'oublieraient jamais. Un moment historique dans le modeste cours de leur vie, l'un de ces événements parfois minuscules qui les accompagneraient mentalement tout le long de leur chemin.

Cédric croisa ensuite le regard de Michel et fit un effort pour ne pas sourire. Les positions s'étaient inversées : ce n'était plus lui, comme depuis toujours, qui regardait son père, mais ce dernier qui le scrutait.

Avec toute l'arrogance de ses quinze ans, Cédric négligea de faire rebondir quatre fois la balle sur la ligne et, trop sûr de lui, servit à la va-vite, avec la même nonchalance qu'il avait si souvent vue chez son père quand il faisait des échanges avec ses élèves.

Michel retourna le long de la ligne, sur le revers de son fils qui renvoya la balle d'un long lift croisé, que son père, en bout de course, ne put remettre dans le court que d'un revers slicé beaucoup trop faible. Cédric, jeune matador donnant l'estocade, le cloua sur place d'un coup droit fracassant.

Jeu, set et match.

Michel sourit et fit l'effort de rejoindre le filet en petites foulées.

Au milieu de toutes les pensées qui se bousculaient dans son esprit, il en eut une pour le professeur de tennis de son enfance, le jour, à dix ans, où il lui avait annoncé fièrement son premier classement. Cet homme, Luc, ne devait pas être plus âgé que lui aujourd'hui et pourtant, il se souvenait qu'à l'époque, de son point de vue d'enfant, il le considérait comme un vieux.

Michel, qui se sentait pourtant encore jeune, prit conscience qu'il avait désormais atteint cet âge qu'enfant, comme sans doute Cédric à l'instant même, il pensait inaccessible.

Son fils l'attendait, triomphant même s'il cherchait à cacher sa joie, avec dans les yeux un vif éclat qui venait de s'éteindre dans les siens. Qu'avait-il encore à lui apprendre ? Le relais était passé, irrémédiablement, logiquement, naturellement.

Un instant, Michel revit Cédric enfant, adorable quand il dépassait à peine le haut du filet, sa raquette plus grosse que lui.

Le Mans 55

de Pef

Je n'avais jamais vu de courses de voitures. Seulement au cinéma, au temps de ce qu'on appelait « les actualités ». Juste avant l'entracte qui précédait le grand film. Comme le Trianon Palace était situé dans un village bourguignon, il y avait un décalage autant spatial que temporel entre ce que je voyais et ce qui s'était réellement passé trois semaines auparavant. Le Tour de France cycliste, par exemple, était déjà arrivé au parc des Princes quand m'était projetée l'escalade d'un col alpin par un géant de la route ignorant tout de sa victoire ou de son abandon à venir. Ça me donnait un net avantage. Je connaissais son destin, pas lui, et je jubilais.

Pour les voitures, c'était différent. Ce qui me stupéfiait, c'était la brièveté de la relation. Grand Prix de France. Un drapeau s'agitait. Les voitures démarraient en noir et blanc. La voix du commentateur, haut perchée, annonçait que tel pilote était en tête, que son rival abandonnait sur sortie de route et qu'un troisième concurrent passait en vainqueur *aaaabsolu* la ligne d'arrivée. Avant d'agiter en souriant un gros bouquet de fleurs. Vingt secondes d'images fulgurantes et lointaines. Une sorte de vision.

Un jour, je fis la connaissance d'un ami de mon père, un petit prof d'allemand rigolard dont la devise était: « Déconner, c'est être populaire! » Cette formule, liée à un amour commun de la langue allemande, déclencha une amitié réciproque.

Comme il habitait Le Mans, il m'invita à venir assister à la fameuse course des Vingt-Quatre Heures. Je lâchai donc une passion délirante pour les avions et pris le train.

Robert tint à me prévenir. Nous devions absolument nous rendre au circuit dès le matin afin d'être bien placés pour le départ donné à seize heures. Ça ne me faisait pas peur. J'avais appris la patience en pêchant à la ligne. J'avais aussi des jambes de seize ans et un don pour la rêverie vieux comme le monde.

Robert m'expliqua qu'en cette année 1955 les Mercedes étaient grandes favorites. Nous nous placerions donc face à leur stand et nous échangerions des phrases en allemand, histoire d'entretenir mon oral. *Kultur und Mechanik.*

– Jawohl, Professor!

De ma jeune vie, je n'avais jamais vu autant de monde. Il y avait, sous le soleil de juin, des mouchoirs noués aux quatre coins sur bien des têtes, des casquettes, du pinard, du saucisson dans les panières et des spectateurs juchés sur des escabeaux de fortune ou de petits bancs en équilibre sur des tables amenées sur le circuit. Pour mieux voir.

J'attendis donc cinq heures, les doigts agrippés aux petits piquets de bois qui me séparaient de la piste, face aux stands de ravitaillement. Les noms des marques de voitures m'étaient tout à fait étrangers. Kieft, Bristol, Frazer-Nash, Osca affichaient leurs numéros, comme au loto, mais cachaient encore leur jeu derrière une petite foule jouant de la caisse à outils ou du bidon d'huile. Une manière de garage surpeuplé, énervé et totalement masculin. Puis le mystère prit forme.

J'avais pour l'art en général un amour épaté. Mes champions à moi s'appelaient Rembrandt, Vinci, Modigliani. Leurs couleurs, leurs styles m'habitaient et, soudain, glissaient lentement sous mes yeux des galbes inconnus dont la nouveauté, l'audace et la pureté me faisaient aborder un nouveau monde.

– Les vertes, c'est les anglaises, professorait Robert, la jaune, c'en est une venue de Belgique. Tiens, la rouge, c'est une Ferrari. L'Italie. Une couleur par pays.

Je voyais plutôt des morceaux de ces belles très entourées. Si basses, si fuyantes, apparemment si légères.

– Et les Mercedes, Robert, les Mercedes ?

– Patience, on ne peut pas les rater, on est juste devant.

Les fameuses flèches d'argent finirent par surgir pour être mises en place, en épi, face à moi. La 19, la 20 et la 21. Un grand murmure enflamma la foule et toutes les têtes se dévissèrent. Un homme remontait lentement la piste. Des cris fusèrent :

– Fangio ! C'est Fangio !

– Mais, Robert, il n'est pas allemand ?

– Non, brésilien, mais aussi champion du monde, regarde bien son casque. Couleur café. Les autres pilotes de son écurie, ils sont d'un peu partout. Levegh, français. Fitch, américain. Kling, allemand, lui.

– Ach, tout de même.

Une des Mercedes m'hypnotisait de ses yeux carénés, gueule noire ouverte, museau d'aluminium tapi au ras du goudron. Le coup de foudre, la beauté parfaite. En retour, je m'engloutis dans sa contemplation alors que les mécaniciens faisaient le plein d'essence.

Quelques minutes avant le départ la piste se vida d'un coup. Et Fangio vint vers moi, me salua. Moi! Moi et beaucoup d'autres, mais surtout moi, je pense. Puis il me tourna le dos.

L'épreuve, traditionnellement, commençait par une course à pied. Au signal, les pilotes traversaient la piste, sautaient dans leur voiture et démarraient. Ce que fit Fangio. Alors mes oreilles explosèrent. La cinquantaine de moteurs venaient de lâcher leurs chevaux.

Et Fangio, pourquoi il ne démarre pas? Son pantalon, lors de son saut, mais je ne l'ai su que plus tard, s'était pris dans le levier de vitesse. Il prit quelques secondes de retard et s'envola soudain, au cœur d'un essaim de taches colorées avant que l'orage mécanique ne s'éloigne.

Tout le monde se mit à parler à tout le monde, à prendre son voisin pour témoin de son émotion, à féliciter la réussite du départ, à promettre du spectacle, à douter un peu de l'issue de la course en supputant les chances. Faudra se méfier des Jaguar! Et les Mercedes, vous avez vu ça? Ah, ces boches, quand ils veulent! Attendez de voir Ferrari! Quand je pense à Bugatti, en 39, en 37 aussi. J'y étais, j'étais jeune, c'est plus pareil, maintenant.

Quatre minutes plus tard la voix du speaker fut engloutie par les coups de scie de chaque voiture.

– T'as vu la Mercedes? hurla Robert.

– Non!

– Moi si, en quatorzième position, loin derrière Jaguar et Ferrari.

Je me tordais le cou, j'essayais de trouver des trous

dans le bruit, épinglant le lointain pour en sortir un point tout de suite grossi par la vitesse, rendu flou par son passage étourdissant puis ratatiné de nouveau par la distance.

J'étais devant autant de tableaux mobiles, dans l'art en vitesse qui déformait tout, le temps d'un coup de tonnerre, dans un autre monde, dans une armée d'admirateurs, sous des drapeaux claquant au vent tandis qu'une musique d'accordéon essayait timidement de se présenter au guichet des oreilles.

Le classement, je n'en avais rien à faire. J'ignorais tout des pilotes, de leur palmarès ou des caractéristiques de leurs engins.

J'apercevais seulement de la beauté passagère. Je repérais certains bolides, apprivoisais des silhouettes que je ne pouvais nommer autrement que par un numéro de course et établissais mon propre classement à l'indice esthétique. Bien plus tard je sus que j'avais préféré les grands yeux blancs de l'élégante Bristol à la brutale Cunningham américaine bleu et blanc.

Sur le coup de cinq heures Robert proposa de nous déplacer plus loin, dans la courbe Dunlop que les voitures avalaient à plus de deux cents, selon lui.

– On ira à pied, donc moins vite, mais en pétant moins fort!

– Déconner, c'est être populaire.

– Si tu veux.

Il m'arrachait à mon ivresse, il me faisait perdre de vue les bolides. A jamais, selon moi. Je veux voir, je veux voir. Il n'y avait plus que de grandes claques sonores à répétition au-delà des rangs serrés de tous

ceux qui ne perdaient pas une miette de la course. C'est Fangio! C'est Hawthorn!

Je les retrouvai enfin plus haut en me faufilant entre les agglutinés. Et ça se bagarrait toujours autant entre la verte Jaguar, la Mercedes alu de Fangio, bien revenue, et la Ferrari n° 4, écarlate, de Castelloti dont j'appréciai instantanément le style. Sa trajectoire frisait les fascines. Je voyais tout. Les mains gantées, le casque blanc, les reflets des lunettes, chaque attache en cuir du capot. J'attendais, de quatre minutes en quatre la répétition de son passage, toujours identique au précédent. En deux heures, le record du tour fut dix fois battu. Mais je n'étais sensible qu'à la beauté des formes aux voix colériques de chanteurs d'opéra.

Puis, à dix-huit heures vingt-huit, il y eut cette fumée noire qui montait droit dans le ciel, là-bas, au niveau de la ligne droite des stands. Les gens notèrent cette fumée puis revinrent du regard à la piste. Elle finit par disparaître mais, comme des poissons fous, des rumeurs d'accident se faufilèrent dans l'herbier serré des spectateurs. Robert me souffla qu'il avait dû se passer quelque chose, qu'on allait redescendre vers les stands. Le public était devenu muet. La sonorisation de la course n'annonçait toujours pas l'accident. Seuls, les moteurs hachaient le silence général.

Je croisai un homme dans une zone devenue déserte. Sa gabardine était taché de sang. Il allait du même pas que Fangio. Un Fangio aux ailes brisées, rougies. Des programmes, les éditions éphémères du journal de la région, des casquettes s'étaient éparpillés et cet homme marchait sur des flaques froissées. Je ne voyais que lui, comme si la mer des spectateurs s'était retirée mais d'étranges éclats d'histoires voletaient à mes oreilles :

C'est Mercedes... dans la foule... Explosée... Dans la foule... Y a des morts... Qui ? Levegh... La Mercedes... Une bombe... Y a des morts... Cinq, au moins... Vous entendez les ambulances ? Et ils z'arrêtent pas la course... Pourtant y a des morts... Je vais donner mon sang...

La fête était finie.

– Viens, m'a dit Robert. Faut prévenir tes parents.

Mes parents, la radio. Des nouvelles de l'accident, évidemment. Tu parles, avec Robert... J'avais prévenu. On sera sûrement en face des allemandes. Ils étaient restés sur cette phrase. En face des allemandes.

Et une allemande avait quitté la piste pour aller exploser dans la foule. Robert m'a laissé chez lui. Il est parti en ville. Il était impossible de téléphoner parce que tout le monde voulait téléphoner. Les radios, chaque heure, parlaient de la catastrophe, de quinze morts, et achevait son bulletin par le classement. Jaguar toujours en tête. Mais de Pierrot, pas de télégramme, ni de coup de téléphone parce que pas de téléphone à l'école. Seulement dans le bureau de la directrice. A minuit, elle est montée, la directrice. Tout va bien, votre fils n'a rien. Non, je n'en sais pas davantage.

Au matin, Robert, pas rasé, l'œil triste, m'annonça que Mercedes avait retiré ses voitures, à deux heures du matin.

Il savait quelques petites choses. La Jaguar de Hawthorne s'était brusquement rabattue. Son pilote voulait ravitailler mais il avait coupé la route d'une Austin – Healey. Levegh arrivait juste derrière. Il avait heurté l'anglaise. Et la Mercedes avait décollé, explosé et était retombée sur le talus.

Des dizaines de gens, au moins quatre-vingts, par passion, par habitude ou par curiosité, avaient, comme moi, admiré cette flèche d'argent et puis ils en étaient morts. Le plus jeune avait six ans.

- On raconte aussi, ajouta Robert, que les allemandes utilisaient un carburant spécial, interdit. Que c'est le moteur qui a balayé les rangées de spectateurs. Que la carrosserie en magnésium s'est désintégrée en mille morceaux mortels. A présent il pleut. Tu veux y retourner?

Cinquante ans plus tard, je ne sais toujours pas pourquoi j'ai répondu oui.

Dans les pas de saint Jacques

de Patrick Poivre d'Arvor

Thomas chemine. Regarde le bout de ses chaussures. La gauche, la droite. Et toujours l'une devant l'autre. Et toujours le chemin. Combien de pas depuis le début ? Les mollets sont durs, la marche est mécanique, les pieds n'en peuvent plus. Ampoulés, comme les phrases qui trottent dans sa tête. Il imagine le chemin de Saint-Jacques bordé d'ampoules multicolores comme dans les guinguettes. Mais il n'est pas à la fête, le pèlerin est épuisé. Il voit maintenant une piste d'aéroport, sertie de points lumineux. Il prend son envol, ses pieds ne le portent plus. Ses muscles sont encore lourds mais sa tête est légère. Il a décollé.

Pourquoi marche-t-il en cet instant ? Il ne sait. Il a croisé bien des pèlerins en quête de Dieu, en quête d'eux-mêmes. Des ascètes, des saints, des dévoyés dans l'attente d'une rédemption. Des normaux, des désespérés, des curieux, des athlètes, des chasseurs de kilomètres et de records, des gourmands, des misanthropes, des amoureux de la nature. Lui ne voit pas où se ranger. Il est aux aguets. Il court à la poursuite d'un beau souvenir.

C'était l'année dernière, à la même époque, sur le même chemin de Saint-Jacques-de-Compostelle, un peu en amont. Il avait marché en compagnie d'Amandine, son amoureuse du moment. Autant qu'il s'en souvienne, ils s'aimaient très fort au cœur de ce mois d'août. Après deux années chaotiques, faites de grands hauts et de petits bas, ils s'étaient séparés pendant deux mois, puis, n'y tenant plus, s'étaient retrouvés en apothéose. Peut-être pour remercier le Seigneur qui avait été bien indulgent à leur égard, ils s'étaient retrouvés, un peu par hasard, sur le chemin longeant la maison d'amis chez qui ils passaient quelques jours. Ils avaient été frappés par un petit bruit régulier sur l'asphalte, celui que fait le bourdon, le bâton du pèlerin, quand il frappe le sol. Intrigués, ils avaient suivi à distance un petit groupe sur une dizaine de kilomètres. Le lendemain, ils repartaient sur la route avec leurs amis à l'endroit même où ils s'étaient arrêtés puis le surlendemain, seuls. A leur tour, ils venaient d'être gagnés par le virus.

Ils goûtèrent infiniment ces quelque 200 kilomètres qu'ils parcoururent pendant une semaine. Ils se parlaient peu, se soulageaient pendant l'effort, s'admiraient mutuellement. Ils réapprenaient les bonheurs simples : trouver des mûres dans une haie ou secouer les arbres à mirabelles pour se nourrir. L'eau en ces temps d'extrême chaleur était une denrée rare, convoitée, respectée. Ils savaient désormais ce qu'était vivre d'amour et d'eau fraîche. De temps à autre, quand ils avaient trop envie, ils choisissaient un lieu reculé pour s'embrasser. Ils aimaient leurs odeurs fortes, cette sueur sèche et salée qui se collait à eux. Ils dormaient le soir dans des auberges, et non des refuges, juste pour qu'on ne les entende pas respirer à l'unisson. Bref ils étaient heureux.

Hélas, l'automne venu, ils se déchirèrent à nouveau. Durement, sans appel. Ce fut Amandine qui prit la décision de partir. Par fierté, il choisit de ne plus jamais la revoir, ni de l'appeler mais attendit, des semaines, des mois entiers, un appel qui vînt d'elle. Il serait revenu en courant. Elle n'appela pas.

Un an était passé, elle lui manquait toujours autant. Avec le retour de l'été, son cœur se serra. Il voulut remettre ses pas dans les siens. Une nouvelle fois, il se remit en route à la borne kilométrique où ils avaient interrompu leur itinéraire l'année précédente. Il partit seul, avec son bâton de pèlerin, son sac à dos et son chapeau de paille. Il avait emporté un tout petit souvenir d'elle, comme un talisman. Il était sûr que cela la ferait revenir, et qu'à tout moment elle pouvait déboucher d'un taillis pour le surprendre avec son beau sourire et ses yeux de fausse innocente.

Un jour, il crut la voir, de très loin. Même silhouette, même démarche. Il hâta le pas mais ne rattrapa jamais son mirage. Le surlendemain, il entendit des chuchotements derrière un fourré. Il s'approcha. C'était bien un couple qui se contait fleurette mais ce n'était pas elle. Tapi derrière la haie, il resta quelques secondes à le contempler, non par voyeurisme, juste pour se faire du mal. Il en était venu à détester les amoureux qui se tenaient par la main ou se bécotaient sur les bancs publics... « Pourquoi ont-ils le droit d'être heureux, et pas moi », se disait Thomas. La nuit, il se réveillait souvent, en proie à des hallucinations. D'un geste brusque, il tâtait la partie droite de son lit, où elle avait l'habitude de se lover. Et, bien sûr, elle n'était pas là.

C'était l'été de la grande canicule. Il souffrit beaucoup et but des litres d'eau, s'introduisant parfois dans des jardins ou des cours de ferme pour boire à même le tuyau d'arrosage. Mais, comme tous les saints qui l'avaient précédé sur le chemin, il se persuadait qu'il lui fallait endurer davantage encore, pour mériter son paradis. Il n'écoutait plus son corps, qui rechignait à l'effort. Il avançait, toujours et toujours, en plein soleil, en pleine détresse. Car ses souffrances physiques n'étaient rien à côté du mal qui opprimait son cœur. Il aurait tant voulu qu'elle revienne et que, du bout de son bourdon, d'une simple pression sur l'épaule, elle l'aidât à se relever. Thomas était agenouillé devant un calvaire et priait quelqu'un qui devait ressembler à Dieu.

Elle ne se montra point.

Découragé, il décida d'interrompre au bout d'une semaine ce qui devenait un calvaire. Il avait parcouru autant de kilomètres que l'année passée au côté de sa belle.

Le dernier jour, il s'arrêta en un lieu très accueillant pour les pèlerins. Les occupants avaient installé au fond de leur jardin une glacière où chacun pouvait se servir et payer son écot comme il l'entendait. Un beau livre orné d'une coquille Saint-Jacques était à disposition de ceux qui voulaient remercier par un commentaire.

Thomas souhaita clore ainsi son éprouvant voyage au bout de lui-même. Il ouvrit le registre et commença à écrire un mot reconnaissant. Son sang se figea soudain. Il venait de reconnaître l'écriture de la phrase qui précédait son appréciation. C'était celle d'Amandine, ce mirage qui le fuyait depuis une semaine. Il lut :

Message à T. Je te suis depuis trois jours. Ce n'est pas beau de courir derrière les jolies filles ni de mater les couples qui s'embrassent. Quand donc changeras-tu ? Ce matin, j'ai donc décidé de te précéder et, à l'heure qu'il est, je dois déjà être dans le train. Embrasse saint Jacques de ma part. C'est à lui que nous devons d'être là. A.

Thomas termina l'étape en courant.

La Véritable Nage Papillon
de Patricia Reznikov

Certains jours c'était difficile. Ce n'était pas tant à cause de l'eau froide. Bien sûr la température n'arrangeait rien, mais Alexis savait qu'une fois qu'il aurait fait une ou deux longueurs de bassin il serait réchauffé. L'hiver, c'était un peu plus délicat de se mettre à l'eau, ça demandait un peu plus de force morale, mais ce n'était qu'un tout petit mauvais moment à passer. On pouvait même aborder la question avec humour. Il suffisait de se mouiller d'abord la nuque et les épaules, comme on leur avait appris, et de profiter des frissons et des tremblements que ça occasionnait, pour faire le crétin et rire! Une fois le bonnet et les lunettes ajustés, les orteils cramponnés au rebord, un coup d'œil aux copains, qui avaient l'air tout aussi enthousiastes que lui à l'idée de se balancer dans un bassin olympique d'eau gelée, ensuite un petit signe de connivence (Qu'est-ce qu'on fait ici? Est-ce qu'on ne serait pas mieux au cinéma ou chez Thomas à écouter de la musique?...) et généralement ça allait tout seul. Les réflexes s'enclenchaient, la mécanique du corps reprenait ses droits, le cerveau conditionné, l'œil laser qui évalue la distance et la profondeur, l'ordinateur intérieur qui calcule la poussée nécessaire, les muscles des jambes qui se mobilisent, la position de plongée, se propulser assez loin pour grignoter de la distance et du temps sans pour autant plonger trop profondément, quelques centièmes de seconde toujours bons à prendre, bref réussir le plongeon parfait et lancer la machine sur les quarante longueurs en quatre nages, soit 2 kilomètres d'entraînement...

Non, ce n'était pas tellement l'eau froide. C'était d'autres choses beaucoup plus compliquées. Des choses pour lesquelles il ne semblait pas y avoir de réponse claire, ni même de réponse du tout.

Bon, l'amour, c'était extraordinairement bizarre, mais en même temps c'était très simple, il avait cru le deviner une fois ou deux alors qu'il était avec Sonia. Là, il se passait quelque chose d'immense et d'insaisissable et d'évident à la fois. Mais lorsque quelqu'un disparaissait, quelqu'un dont on n'avait jamais pensé qu'il pourrait n'être plus là un jour, à ce moment-là il semblait que personne n'était en mesure de prononcer des paroles qui avaient du sens. Et depuis que le grand-père d'Alexis s'était éteint, trois semaines plus tôt, personne n'était monté sur l'estrade de sa conscience pour lui expliquer à quoi la vie d'un homme pouvait bien servir.

Les autres avaient commencé l'entraînement sans lui. Il voyait Grégoire qui alignait son crawl régulier et calme, Hamdi qui attaquait l'eau puissamment et soufflait comme un minotaure, Antoine qui avait l'air d'avoir une dent contre lui-même et qui parlait à l'eau.

Jean-Philippe, leur entraîneur, chaussé de ses éternelles sandales en bois, les attendait tous au bout et leur criait des conseils et des encouragements. Parfois il leur passait un savon parce que ça n'allait pas assez vite.

Alexis les regardait tous se battre. Il savait qu'au bout de trois ou quatre longueurs le plaisir commençait à venir et à inonder le corps et l'esprit comme une ivresse miraculeuse. Il n'ignorait pas qu'il ratait quelque chose. Il savait que Jean-Philippe l'avait vu et qu'il le laissait tranquille, qu'il comprenait que ce n'était pas dans ses habitudes de rester sur le bord comme un idiot sans rien faire et qu'aujourd'hui quelque chose, sans doute, n'allait pas. C'était presque terminé pour le crawl, ils allaient bientôt entamer les longueurs de brasse.

C'est alors qu'Alexis vit, de l'autre côté de la barrière flottante, dans un couloir réservé au public, un homme qui nageait la brasse papillon. Il se leva du bord où il s'était assis, pour mieux le regarder. C'était un vieillard assez petit, trapu et aux muscles noueux comme des racines. Il nageait sans lunettes, ses cheveux longs et blancs plaqués sur son crâne. Son papillon n'était pas des plus purs, la coordination des mouvements n'était pas parfaite et il manquait manifestement de puissance, mais ses épaules sortaient de l'eau en cadence, à intervalles réguliers et les ondulations des jambes et du bassin étaient convenables. Il progressait le long de la ligne efficacement, sans se laisser dévier de sa trajectoire lorsqu'il croisait un autre nageur moins expérimenté. Alexis trouvait qu'il se débrouillait bien. Il en avait lui-même bavé avec cette nage si peu naturelle, si difficile, si athlétique. Il avait souvent pensé qu'il fallait être fou pour avoir inventé une chose pareille.

Il jeta un coup d'œil à son entraîneur. Jean-Philippe était en grande conversation avec Omar qui l'écoutait, soufflant et dégoulinant, assis sur le bord. Les autres coulaient leur brasse, soulevant le torse hors de l'eau la bouche grande ouverte, puis filant sous la surface, comme des hommes-poissons, les bras allongés devant eux, la tête sous l'eau, les jambes et les pieds tendus.

Voyant que personne ne faisait attention à lui, Alexis se rapprocha du couloir où nageait l'homme et s'assit sur le bord, les pieds dans l'eau, pour le regarder.

Il resta ainsi un certain temps, combien exactement il n'aurait pas su le dire, à le regarder aller et venir, traçant son chemin dans l'eau à l'aide de son seul corps, vieux corps, plus proche de la mort que de la vie pensait-il, et pourtant bien vivant, attaquant l'eau et l'air avec régularité. Avec dignité, aussi. Il se laissa bercer par les allées et venues du vieil homme, par les mouvements de l'eau et des vagues, par les éclaboussures, le brouhaha, le tout formant une espèce de symphonie étrange et rassurante.

Laissant son esprit vagabonder, il se mit à repenser à son grand-père.

Il revoyait une des dernières promenades qu'il avait faite avec lui, une après-midi d'octobre, à la Toussaint. Il revivait ce qui s'était passé dans la galerie de minéralogie déserte de l'École des mines. Circulant entre les antiques présentoirs de bois, ils admiraient les minéraux, dentelles de pierres, cristaux iridescents, strates mystérieuses, quand, entre deux grincements de parquet, leur était parvenu un chant. Un chant, étrange et poignant, qui provenait du fond de la salle, de derrière une grande porte en bois. Une porte fermée à clé. Le grand-père d'Alexis, un doigt sur les lèvres, lui avait fait signe d'approcher.

– Ça vient de là…, avait-il chuchoté en montrant la porte.

Tous deux avaient écouté pendant quelques minutes cette voix de femme accompagnée d'un piano qui chantait cet air d'une beauté saisissante. La chanteuse et le pianiste répétaient. Par instants ils s'interrompaient et recommençaient une phrase. Le grand-père, les yeux fermés, s'était mis à chanter tout bas :

Mon enfant, ma sœur,
Songe à la douceur
D'aller là-bas vivre ensemble!
Aimer à loisir,
Aimer et mourir,
Au pays qui te ressemble!…

Alexis regardait son grand-père, il ne l'avait jamais vu comme ça.

Puis le chant avait cessé mais quelque chose de toute cette beauté était resté suspendu bizarrement dans la pièce, entre les agates, les morceaux d'ambre et les pyrites de fer, et dans leur cœur aussi.

– Qu'est-ce que c'était ? avait demandé Alexis à son grand-père. Tu connais cette chanson ?

– C'était « l'Invitation au voyage » de Charles Baudelaire, sur une mélodie d'Henri Duparc.

C'est dans les allées du Jardin des Plantes qu'Alexis avait écouté son grand-père lui parler du violon que son père lui avait offert pour ses huit ans. C'était en 1934. Il avait étudié l'instrument au conservatoire pendant quelques années, jusqu'à la guerre, jusqu'à ce que les choses deviennent compliquées. Puis le violon avait été rangé dans une armoire et n'en était plus jamais sorti.

– Et où est-il ce violon, maintenant ?

– Quelque part à la cave, je suppose.

– Tu crois que tu saurais encore en jouer ? avait demandé Alexis. Pour moi ?

Le grand-père avait souri. Il avait haussé les épaules :

– Généralement, lorsqu'on a rangé son violon, c'est qu'il est trop tard. Mais qui sait... J'essaierai peut-être... Est-ce que je saurais encore jouer ?... Il faudra te boucher les oreilles, au début...

Alexis ne le savait pas. Son grand-père était malade. Quelques mois plus tard il était parti sans qu'ils aient eu le temps pour une autre de leurs promenades. Alexis avait pensé qu'il avait finalement accepté l'invitation de Baudelaire et de Duparc et qu'il s'était éclipsé au pays de cette mélodie...

Un énorme plouf le tira de sa rêverie. Trois garçons s'amusaient à faire la bombe et à éclabousser les autres nageurs. Il regarda vers son groupe. Certains finissaient les longueurs de dos crawlé, les autres avaient entamé le papillon. Jean-Philippe avait apparemment décidé de le laisser tranquille.

Il chercha des yeux « son » nageur. L'homme arrivait vers lui, se soulevant et soufflant comme une sorte de vieil albatros, puissant, régulier, mais fatigué, aussi. Sa cadence s'était ralentie et son vieux visage semblait tendu sous l'effort. Alexis le regarda avaler les derniers mètres et s'arrêter, enfin, juste sous lui. Il se poussa un peu pour lui faire de la place. L'homme expira par la bouche plusieurs fois, s'ébroua et se frotta le visage, comme s'il émergeait d'un rêve. Il resta sans bouger quelques instants à regarder les autres nageurs. Puis, tournant la tête, il dévisagea Alexis et lui sourit.

Alexis lui rendit son sourire.

Vu de près, le visage du vieillard lui parut plus profondément raviné, le paysage de ses joues et de son cou plus torturé. Ses yeux étaient d'un bleu très pâle, presque entièrement délavé, disparu. Alexis fut pris d'un immense sentiment d'admiration pour lui et il eut envie de le lui dire, mais avant qu'il ait pu ouvrir la bouche, l'homme s'adressa à lui :

– Sacrée vacherie de nage, hein, le papillon, mon gars ! Celui qui a inventé ça avait sans doute envie de laisser une trace ! Qu'on se souvienne de lui, quoi ! Pour ça, c'est réussi, non ?

Un peu interloqué tout d'abord, Alexis se mit à rire :

– C'est vrai que ce n'est pas un grand moment de repos ! Mais vous faites ça super bien ! C'est vrai, sans rire, c'est costaud comme vous nagez...

L'homme lui sourit de nouveau et lui fit un clin d'œil.

– Tu viens t'entraîner ici tous les samedis ?

– Oui, depuis deux ans. Il y a des jours où c'est dur.

– Bien sûr que c'est dur, mon gars, c'est comme tout, faut se battre ! Mais après on est le meilleur !

– Et vous, vous vous entraînez depuis longtemps ?

– Oh, moi, tu sais, je me suis entraîné toute ma vie. Ma vie n'a été qu'un long entraînement ! Je suis né dans un pays qui n'existe plus. Et c'est à peine si j'avais le droit d'exister moi-même, alors...

Alexis venait de remarquer qu'il parlait avec un léger accent.

– Et c'était quoi votre pays ?

– T'as déjà entendu parler de la Russie soviétique ? demanda l'homme avec une drôle de mine.

– Un peu, dit Alexis, hésitant.

– Eh bien c'était là-bas ! Je suis né en 26, tu te rends compte ? Et à cette époque on n'avait même pas le droit de respirer. Alors mes parents sont partis. Ils se sont enfuis, comme ils ont pu, avec moi sous le bras quand j'avais six ans. On n'avait rien à nous. Sauf un violon, qui datait d'avant la révolution de 17. Et moi j'ai appris à jouer sur ce violon. Et toutes ces années, aussi, j'ai nagé. J'ai toujours adoré l'eau. Partout où j'allais, je cherchais toujours l'eau. Douce, salée, peu importe. C'est la seule chose qu'on trouve partout en ce monde, quand il manque tout le reste ! La paix, la sécurité, la liberté, la fraternité... Alors tu vois, la nage papillon, c'est une nage difficile, mais c'est la plus belle, et ça vaut le coup de s'entraîner...

Alexis regarda cet étonnant vieil homme, exilé,

violoniste et nageur, épais et noué comme le tronc d'un vieux chêne.

– Mon grand-père aussi avait appris le violon. Il est mort il y a trois semaines... Je ne l'ai jamais entendu jouer...

Il ne savait pas vraiment pourquoi il racontait ces choses-là.

– C'est pour ça que t'es resté tout le temps sur le bord? Tu pensais à lui, c'est ça?

– Oui. Je vous ai regardé nager et je me suis revu avec lui, l'automne dernier. C'est bête, hein...

– Mais non c'est pas bête, au contraire. Tiens, viens, mets-toi à l'eau... Descends de ton perchoir, viens...

Tout en parlant l'homme lui tendit la main et, attrapant celle d'Alexis, il le fit sauter dans le bassin. Alexis, surpris, fut parcouru d'un gigantesque frisson. Puis il décida de se mouiller tout à fait. Ouf, ça allait mieux.

– Tu vois, mon gars, lui dit l'homme, dans la vie, il faut trouver la force en soi pour affronter les choses tristes ou difficiles. Et si on essaie, on s'aperçoit qu'on arrive à nager. On y arrive même très bien! On arrive à nager la Véritable Nage Papillon! C'est celle du corps et celle de l'âme! C'est elle qui nous rend heureux malgré tout! Allez, mon garçon, vas-y. Pense à ton grand-père et nage pour lui.

Alexis s'était accroupi dans l'eau et, les yeux au ras du bleu, il regardait à présent ses camarades aller et venir dans le couloir, se battant pour installer cette mécanique de la brasse papillon dans la masse pleine de remous de la piscine. Il se tourna vers le vieil homme et lui sourit.

– Allez, lui dit ce dernier en lui rendant son sourire, montre-leur à tous que tu sais nager la Véritable Nage Papillon.

Il sentit l'homme le pousser doucement entre les deux omoplates. Alors, plongeant sous les barrières, Alexis rejoignit les autres dans le couloir qui leur était réservé. Sans même partir du bord en se poussant des pieds, il s'élança dans la cohue, prit naturellement sa place parmi les autres en évitant les grands moulinets de bras d'Omar. Lançant ses épaules et ses bras à l'assaut de l'eau, il sentit le mouvement souple et ondoyant de ses hanches venir instinctivement et se propager dans ses jambes jusqu'à ses pieds tendus. Il sut que, passé les premières et difficiles longueurs, le bien-être extatique l'envahirait comme toujours, fidèle, miraculeux. Souriant dans l'eau il pensa que Jean-Philippe, lorsqu'il le verrait, n'allait rien y comprendre.

Au bout de la course

de Laurence Tardieu

Malgré la fatigue de l'entraînement, Fabien marche à vive allure : il a promis à sa mère d'être à l'heure pour le déjeuner. On est dimanche, il ne veut pas qu'elle déjeune seule. Pour une fois que l'entraînement finit avant quatorze heures… Hier soir, il a été content de lui annoncer la nouvelle : « Tu sais, m'man, demain on finit plus tôt. Je pourrai déjeuner avec toi. » Le visage fatigué de sa mère s'est éclairé, ses yeux se sont plissés, presque rieurs. Elle a hoché la tête et murmuré de sa voix douce : « C'est bien. Je ferai des crêpes » puis s'est replongée dans son livre. Fabien l'a observée un moment en silence. Depuis quelque temps, les cheveux de sa mère devenaient gris. Il s'en était aperçu la première fois un matin, au petit déjeuner. Il n'avait rien dit mais s'était attardé plus longtemps qu'à l'accoutumée sur le visage de sa mère. Depuis, il n'y pensait pas tous les jours, bien sûr, mais se sentait comme alourdi de quelque chose qu'il ne parvenait pas à nommer, et ressentait parfois le besoin de scruter sa mère avec attention, pour tenter d'imprimer en lui chaque parcelle de ce visage qui, maintenant il en avait la preuve, vieillissait.

C'était aujourd'hui le dernier entraînement avant la compétition. Tout en marchant, Fabien repense aux trois derniers mois qui ont passé comme un éclair : trois entraînements par semaine plus celui du dimanche, sans compter les cours dont le rythme, cette année (Fabien est en seconde), s'est intensifié par rapport à l'année dernière. Combien de petites souffrances : élongations, contractures, crampes... et, surtout, de moments de découragement et d'épuisement, au cours desquels Fabien jurait à Étienne, son entraîneur, qu'on ne l'y reprendrait plus et que, cette fois c'était sûr, il abandonnait. Mais, à chaque fois, Étienne avait su trouver les mots pour lui redonner envie. Lui redonner envie, oui, c'était bien de ça qu'il s'agissait, lui insuffler à nouveau la flamme qui, il y a deux ans, avait pris possession de son corps, de son cerveau, allant jusqu'à le réveiller parfois la nuit, lorsque tout était immobile et silencieux, et que vie et rêve se confondaient. Des images défilaient alors devant ses yeux, si claires qu'elles faisaient trembler son corps, il courait, il courait, regardant droit devant lui, oubliant les autres, la ligne d'arrivée devenait distincte, son corps de plus en plus léger, à croire qu'il était en train de voler, encore quelques mètres, il était tout seul, franchissait la ligne, levait les bras au-dessus de lui, il tombait et le ciel était immense, le ciel l'accueillait, ses lèvres mordaient la poussière et les larmes roulaient sur son visage. Il était le roi du monde.

Un soir, Fabien avait senti sa mère particulièrement fatiguée. Ils avaient fini de dîner mais ni l'un ni l'autre ne s'étaient levés de table. Sa mère avait soupiré, aussi Fabien lui avait-il demandé ce qui se passait, si la journée avait été difficile ; elle l'avait dévisagé, surprise, puis avait répondu que non, la journée n'avait pas été difficile, « enfin, pas spécialement », avait-elle ajouté, « pas spécialement mon biquet, c'est juste que ce soir, je n'en peux plus, voilà tout ». Aussitôt elle s'était tue, regrettant sans doute déjà ses paroles. Fabien avait cherché quelque chose à lui dire, quelque chose de réconfortant. Et soudain les images qui peuplaient ses nuits étaient venues à son esprit. Il avait essayé de les décrire à sa mère, ça n'avait pas été facile car elle ne connaissait rien au sport, elle n'avait même jamais assisté à une course, mais il y avait été lentement, choisissant chaque mot avec soin. Lorsqu'il avait relevé les yeux, le visage de sa mère était lisse et clair comme celui d'une petite fille, et elle souriait. Il avait été ému de la voir ainsi. Il avait même eu envie, une fraction de seconde, de la serrer dans ses bras. Sa mère avait prononcé, doucement : « C'est un beau rêve. » Leurs regards s'étaient croisés et ils s'étaient souri.

– Ça s'est bien passé ?

Fabien referme la porte d'entrée. Sa mère a mis la robe bleu clair qu'il aime tant. Il hoche la tête en souriant :

– Oui, bien. Je suis claqué.

– C'est prêt. On va pouvoir manger.

Ils déjeunent en silence. On n'entend plus que le

cliquetis des couteaux et des fourchettes. Les crêpes sont délicieuses. Fabien se sent bien : son corps est au repos. Il ne lui fait plus mal. C'est à peine s'il le sent encore.

– C'était le dernier entraînement avant mercredi.
– Je sais.

Fabien regarde sa mère et, sans savoir vraiment pourquoi, murmure :

– Tu sais, m'man, c'est important pour moi cette compétition. J'ai vraiment envie...

Fabien n'ose pas prononcer le mot « gagner ». Il se reprend :

– J'ai vraiment envie d'être capable du meilleur.
– Je comprends, mon biquet. Je suis sûre que ça va bien se passer. C'est dommage que je ne puisse pas venir.

C'est vrai que c'est dommage : Fabien aurait aimé que sa mère soit là. Qu'elle le regarde courir, qu'elle assiste à son combat, son combat contre les autres mais aussi avec lui-même, ce désir furieux de pousser son corps au-delà de ses limites. Mais, cette fois encore, sa mère ne serait pas là : elle ne pouvait pas s'absenter de son travail.

– C'est pas grave. Je t'appellerai juste après.

Sa mère acquiesce, un sourire aux lèvres. Fabien remarque qu'elle s'est maquillée. Il la trouve belle ainsi. Il pense qu'après la compétition, il ne reprendra pas l'entraînement tout de suite : ils pourront à nouveau passer du temps ensemble le week-end, en tout cas déjeuner tous les deux le dimanche, comme aujourd'hui. Ce sera bien. Sa mère sera contente.

Mercredi arrive vite. Fabien se lève reposé et en forme. Il n'a pas souvenir d'avoir rêvé cette nuit, mais d'avoir été happé par un sommeil profond. Comme tous les matins, sa mère est déjà partie travailler : elle a une heure et quart de trajet jusqu'à l'usine. Elle a laissé un mot sur la table de la cuisine : « Je penserai fort à toi. Bisous. Maman. » Il enfouit le mot dans sa poche.

Étienne l'attend au bas de l'immeuble, dans sa voiture. Le stade est à une demi-heure de route environ. Fabien se pelotonne dans le siège avant et ferme les yeux : il n'a pas envie de parler. Il se concentre, essaie de visualiser la course. Étienne a mis de la musique, un jazz doux et berçant. Il conduit lentement, sans à-coups. Fabien se sent prêt. Il a envie de gagner. Le mot de sa mère est resté dans sa poche. Elle sera fière de lui. Si son père était là, lui aussi... Fabien secoue la tête. Ne pas penser à son père, pas ce matin... Il doit mobiliser toute son énergie sur la course, pas sur ses états d'âme.

– Tu as bien mangé ce matin ?
– Oui.

Étienne s'est tourné vers lui. Son regard est clair. Fabien croit y lire la confiance que celui-ci lui accorde. Il en est heureux : Étienne est un chic type. Il a eu de la chance de le rencontrer. Avant lui, sa vie était terne. Vivre seul avec sa mère lui pesait. Il éprouvait parfois la sensation d'étouffer lentement, en silence, sans que personne autour de lui ne s'en aperçoive : il ne faisait pas de vagues ; on ne faisait pas attention à lui. Jusqu'au jour où Étienne était venu lui parler : Fabien avait couru un 100 mètres dans le cadre des rencontres inter-collèges du département. Étienne, ce jour-là, assistait à la course. Fabien était arrivé deuxième. Il lui avait proposé de devenir son entraîneur. Fabien n'avait pas tout de suite compris ce dont il s'agissait, ni pourquoi ce grand type aux yeux bleu-gris était venu vers lui : il n'avait pas très bien couru, était arrivé en deuxième position... Alors, pourquoi lui ? Sans vraiment savoir pourquoi, il avait répondu oui. Et voilà : sa vie avait basculé du jour au lendemain. Trois jours plus tard, il s'entraînait sous le regard attentif d'Étienne. Il lui faudrait plusieurs semaines pour comprendre à quel point sa vie avait été transformée : désormais, il avait un but, un sommet à atteindre. Une personne à ses côtés l'accompagnait. Fabien ne parlait jamais à Étienne de sa vie, de la solitude de sa mère, de cette sensation d'étouffement qui s'emparait parfois de lui. Mais il sentait qu'Étienne avait perçu beaucoup de choses de lui.

– On y est. Ça va aller ?
– Je crois, oui.

Ils descendent de voiture. Fabien est concentré. Il est proche du but. Il se sent calme et déterminé.

Fabien a le temps de s'échauffer un moment avant d'entendre son nom grésiller dans les haut-parleurs : la course va commencer. Il gagne la piste. Les autres sont déjà là. Certains l'observent, d'autres fixent le sol. Fabien se positionne pour le départ. Ses oreilles se mettent soudain à bourdonner. Il s'efforce de respirer lentement, de ne penser à rien. Son malaise s'amplifie. Il regarde autour de lui, cherche le visage d'Étienne sur les gradins : il ne le voit pas. Où est-il donc passé ? Comment se fait-il qu'il ne soit pas là ? « A vos marques ! Prêt ! Partez ! » Le coup de sifflet retentit. Ça y est, il est parti. Il est mal parti : il y a eu un léger décalage entre le coup de sifflet et l'information parvenue à son cerveau. Il comprend tout de suite que c'est fichu : il ne pourra pas rattraper son mauvais départ. Il regarde droit devant lui, vers la ligne d'arrivée. Il court, il court, mais son corps est lourd. Rien à voir avec ce dont il rêvait la nuit : son corps ne vole pas, il s'empêtre sur la piste. Fabien voit les autres franchir un à un la ligne d'arrivée. Il arrive avant-dernier.

Le bourdonnement dans ses oreilles n'a pas cessé. Fabien marche lentement sur la piste. Il ne voit rien, n'entend rien. Il sait juste qu'il a échoué. Il n'a pas envie de crier, ni de pleurer : il est hébété. Il ne remarque pas Étienne qui marche à son côté. Il pense à sa mère. Il pense qu'il lui a promis de l'appeler et qu'il devra lui dire qu'il est arrivé avant-dernier. Il pense qu'il n'aurait jamais dû y croire, à cette victoire. Quel benêt il a été !
– C'est pas grave, Fabien.
Il se retourne : Étienne lui sourit. Il répète, en le regardant droit dans les yeux :
– C'est pas grave.
Sa voix est douce. C'est cette douceur qui donne soudain à Fabien envie de pleurer. Il ne va pas pleurer, tout de même ! Il ne va pas craquer devant tout le monde, comme un gosse ! Il a honte. Il a honte d'avoir déçu Étienne. Il détourne le visage, accélère le

pas. Jusqu'à ce qu'il sente la main d'Étienne posée sur son épaule.

– Fabien, écoute-moi : tu as loupé ta course, ça arrive à tout le monde, ça arrive à de très grands. C'est ça la compétition, ça n'a rien à voir avec les entraînements : ça s'apprend. Aujourd'hui tu as perdu, la prochaine fois tu sauras mieux gérer ta peur et ton désir. Qu'est-ce que tu crois ? Que je ne me doutais pas que tu aurais le trac ? Allez, fais pas le con, on rentre.

Fabien lève les yeux vers lui : Étienne lui sourit de nouveau. Fabien pense alors que c'est incroyable : il a été mauvais comme jamais et son entraîneur lui sourit, son entraîneur lui tient la main, son entraîneur garde confiance en lui ! Il murmure, sans le regarder :

– Merci, Étienne.

– Allez, on y va.

Le trajet du retour se déroule en silence. Fabien se sent mieux : ses oreilles ne bourdonnent plus. Il a l'impression d'avoir touché le fond de quelque chose – de quoi, il ne saurait le dire – et de remonter doucement à la surface. Par la vitre entrouverte, il regarde défiler le paysage et s'étonne de ressentir un grand calme intérieur, comme si ce naufrage lui avait permis de *s'éprouver* lui-même davantage. Il pense à toute l'énergie qu'il a investie dans la préparation de cette compétition et se dit qu'il ne regrette rien : il a appris des choses rares et précieuses, sur lesquelles il pourra compter : le sens de l'effort et de la persévérance ; la confiance en une personne, son entraîneur, même dans les moments où lui ne croyait plus en rien. Il a éprouvé, aussi, le bonheur de se sentir tendu vers un objectif précis, et de tout mettre en œuvre pour l'atteindre. Tout compte fait, n'a-t-il pas éprouvé la joie de se sentir vivant et en mouvement? D'ailleurs, il n'a pas souvenir d'avoir ressenti au cours de ces trois derniers mois la sensation d'étouffement qui l'accompagne si souvent depuis que son père les a quittés, sa mère et lui.

Fabien sourit.

– Qu'y a-t-il? murmure Étienne.

Fabien secoue la tête.

– Rien. Je me disais juste...

Il hésite un instant, jette un coup d'œil vers Étienne.

– Non, rien... Rien de spécial.

Puis, goguenard:

– Allez, roule plus vite, on se traîne, là! Faut pas lambiner, mon vieux, si tu veux arriver à quelque chose dans la vie! C'est pas toi qui m'a appris ça, non?

Il entre dans l'appartement. Tout de suite, il sent l'odeur de brûlé. Il se précipite dans la cuisine: sa mère est là, accroupie devant le four.

– Tu es rentrée plus tôt?

Elle sursaute, se redresse.

– Oh, tu m'as fait peur! Oui, je voulais te faire la surprise... En fait, je voulais même t'en faire deux: je t'avais préparé un gâteau au chocolat mais je me suis endormie pendant la cuisson... Il est complètement raté, je suis vraiment désolée, mon biquet...

Puis, soudain inquiète:

– Alors, comment ça a été ?

Fabien ne répond pas tout de suite : il regarde le gâteau brûlé, un sourire aux lèvres.

– Eh bien, ma course... ça a été un peu comme ton gâteau : un vrai désastre.

Et, comme il perçoit dans le regard de sa mère une lueur de tristesse, il ajoute aussitôt, avec malice :

– Mais tu vas te rattraper, hein ? J'y compte bien ! Je meurs de faim, moi !

Il lève les yeux vers sa mère : elle lui sourit. Il murmure :

– T'inquiète pas, maman, la prochaine fois sera la bonne. Je le sais.

Elle hoche la tête et prononce doucement :

– J'en suis sûre, Fabien.